AF385540

RELATION

DES

ÉVÉNEMENS DE PARIS.

IMPRIMERIE DE J. TASTU,
RUE DE VAUGIRARD, N. 36.

RELATION

HISTORIQUE

DES JOURNÉES MÉMORABLES

DES 27, 28, 29 JUILLET 1830,

EN L'HONNEUR DES PARISIENS,

ORNÉE D'UN PLAN DE PARIS

POUR L'INTELLIGENCE DE LA POSITION ET DES MARCHES DES TROUPES ROYALES.

PARIS

H. LANGLOIS FILS, ÉDITEUR,

RUE DE SAVOIE, N. 6.

1830

AVIS DE L'ÉDITEUR.

Il est difficile de rendre un compte exact des événemens extraordinaires dont Paris vient d'être le théâtre. Les moyens ont été plus étonnans encore que le résultat, et personne n'a pu les suivre dans tous leurs développemens. Les opérations de l'autorité faites dans l'ombre et le mystère, celles des citoyens se succédant sans ordre, sans plan arrêté, et suivant les circonstances du moment, au milieu d'une confusion impossible à dépeindre, mettent l'historien dans le plus grand embarras. On décrit une bataille rangée dont les positions ont été choisies, les mouvemens calculés, et dont l'œil a pu embrasser l'ensemble ; mais comment retracer des milliers de combats livrés presque en même temps sur tous les points d'un immense labyrinthe? Comment faire comprendre, à ceux qui ne l'ont pas vue, cette population d'abord sans armes et fuyant par masses confuses devant les sabres de quelques gendarmes, puis surgissant tout à coup menaçante et terrible, résistant aux manœuvres militaires les plus formidables, bravant la mort avec le plus héroïque courage, pour devenir bientôt agresseurs, et mettre enfin dans une déroute complète dix-huit mille hommes, l'élite de la meilleure armée? Mais ce peuple était français! il défendait ses foyers, ses droits, sa liberté. Sa cause était juste et sainte, sa conduite fut sublime. Aucune force ne pouvait lui résister, aucune puissance arrêter son généreux transport, parce qu'il n'y a pas de puissance au-dessus de l'amour de la patrie et de la liberté.

Quinze années ont été employées pour faire descendre la France du rang qu'elle doit occuper parmi les nations; trois jours ont suffi pour la replacer au sommet de sa gloire.

Esquissons donc l'histoire de ces mémorables journées, en commençant par le tableau de l'ensemble du mouvement général, que nous ferons suivre du récit des épisodes dont presque toutes les rues de Paris ont été témoins. Beaucoup de faits nous ont été révélés; nous en avons rapporté un grand nombre, nous avons écarté ceux qu'il nous a été possible de reconnaître inexacts, nous en avons recueilli plusieurs que la modestie laissait dans l'ombre.

Nous avons aussi nommé beaucoup de braves; nous aurions voulu en nommer davantage, mais les signaler tous à la reconnaissance nationale est impossible : il eût fallu faire une liste de tous les habitans de Paris, car tous ont payé leur tribut à la Patrie, à la Liberté, à l'humanité.

A. M. P*****

RELATION

DES

ÉVÉNEMENS DE PARIS.

———————

Depuis quelques jours les bruits de coups d'état s'étaient évanouis ; les députés recevaient leurs lettres closes pour l'ouverture des Chambres , et tout annonçait un changement de ministère. Une impatiente curiosité régnait dans le public et une inquiétude vague se manifestait à la Cour. La réception du dimanche 25 juillet fut triste ; des nouvelles contradictoires circulaient, et l'on se demandait tout bas : Que faut-il croire ? Que faut-il craindre ? M. de Vitrolles était rayonnant , et disait d'un air mystérieux : *Il y aura quelque chose.* M. de Montbel était sérieux et répondait : *Je reste...*

Les journaux de ce jour et ceux du lendemain étaient dans une sécurité parfaite, et rien enfin n'annonçait la résolution désastreuse et insensée prise par le gouvernement, quand tout-à-coup *le Moniteur* et *le Bulletin des Lois* du lundi 26 jetèrent parmi nous les ordonnances liberticides qui devaient à la fois débarrasser la France des hommes stupides que lui avaient imposés les étrangers, et lui offrir l'occasion de conquérir glorieusement une sage et durable indépendance.

Voici le texte de cette œuvre de déraison, de mauvaise foi et de parjure.

RAPPORT AU ROI.

Sire,

Vos ministres seraient peu dignes de la confiance dont Votre Majesté les honore, s'ils tardaient plus long-temps à placer sous vos yeux un aperçu de notre situation intérieure, et à signaler à votre haute sagesse les dangers de la presse périodique.

A aucune époque, depuis quinze années, cette situation ne s'était présentée sous un aspect plus grave et plus affligeant. Malgré une prospérité matérielle dont nos annales n'avaient jamais offert d'exemple, des signes de désorganisation et des symptômes d'anarchie se manifestent sur presque tous les points du royaume.

Les causes successives qui ont concouru à affaiblir les ressorts du gouvernement monarchique, tendent aujourd'hui à en altérer et à en changer la nature : déchue de sa force morale, l'autorité, soit dans la capitale, soit dans les provinces, ne lutte plus qu'avec désavantage contre les factions ; des doctrines pernicieuses et subversives, hautement professées, se répandent et se propagent dans toutes les classes de la population ; des inquiétudes trop généralement accréditées agitent les esprits et tourmentent la société. De toutes parts on demande au présent des gages de sécurité pour l'avenir.

Une malveillance active, ardente, infatigable, travaille à ruiner tous les fondemens de l'ordre et à ravir à la France le bonheur dont elle jouit sous le sceptre de ses rois. Habile à exploiter tous les mécontentemens et à soulever toutes les haines, elle fomente, parmi les peuples, un esprit de défiance et d'hostilité envers le pouvoir, et cherche à semer partout des germes de troubles et de guerre civile.

Et déjà, Sire, des événemens récens ont prouvé que les passions politiques contenues jusqu'ici dans les sommités de la société, commencent à en pénétrer les profondeurs et à émouvoir les masses populaires. Ils ont prouvé aussi que ces masses ne s'ébranleraient pas toujours sans danger pour ceux-là même qui s'efforcent de les arracher au repos.

Une multitude de faits, recueillis dans le cours des opérations électorales, confirment ces données, et nous offriraient le présage trop certain de nouvelles commotions, s'il n'était au pouvoir de Votre Majesté d'en détourner le malheur .

Partout aussi, si l'on observe avec attention, existe un besoin d'ordre, de force et de permanence, et les agitations qui y semblent le plus contraires n'en sont en réalité que l'expression et le témoignage.

Il faut bien le reconnaître: ces agitations qui ne peuvent s'accroître sans de grands périls, sont presque exclusivement produites et excitées par la liberté de la presse. Une loi sur les élections, non moins féconde en désordres, a sans doute concouru à les entretenir; mais ce serait nier l'évidence que de ne pas voir dans les journaux le principal foyer d'une corruption dont les progrès sont chaque jour plus sensibles, et la première source des calamités qui menacent le royaume.

L'expérience, Sire, parle plus hautement que les théories. Des hommes éclairés sans doute, et dont la bonne foi d'ailleurs n'est pas suspecte, entraînés par l'exemple mal compris d'un peuple voisin, ont pu croire que les avantages de la presse périodique en balanceraient les inconvéniens, et que ses excès se neutraliseraient par des excès contraires. Il n'en a pas été ainsi, l'épreuve est décisive, et la question est maintenant jugée dans la conscience publique.

A toutes les époques, en effet, la presse périodique n'a été, et il est dans sa nature de n'être qu'un instrument de désordre et de sédition.

Que de preuves nombreuses et irrécusables à apporter à l'appui de cette vérité! C'est par l'action violente et non interrompue de la presse que s'expliquent les variations trop subites, trop fréquentes de notre politique intérieure. Elle n'a pas permis qu'il s'établît en France un système régulier et stable de gouvernement, ni qu'on s'occupât avec quelque suite d'introduire dans toutes les branches de l'administration publique les améliorations dont elles sont susceptibles. Tous les ministères depuis 1814, quoique formés sous des influences diverses et soumis à des directions opposées, ont été en butte aux mêmes traits, aux mêmes attaques et au même déchaînement de passions. Les sacrifices de tout genre, les concessions de pouvoir, les alliances de parti, rien n'a pu les soustraire à cette commune destinée.

Ce rapprochement seul, si fertile en réflexions, suffirait pour assigner à la presse son véritable, son invariable caractère. Elle s'applique, par des efforts soutenus, persévérans, répétés chaque jour, à relâcher tous les liens d'obéissance et de subordination, à user les ressorts de l'autorité publique, à la rabaisser, à l'avilir dans l'opinion des peuples et à lui créer partout des embarras et des résistances.

Son art consiste, non pas à substituer à une

trop facile soumission d'esprit une sage liberté d'examen, mais à réduire en problème les vérités les plus positives ; non pas à provoquer sur les questions politiques une controverse franche et utile, mais à les présenter sous un faux jour et les résoudre par des sophismes.

La presse a jeté ainsi le désordre dans les intelligences les plus droites, ébranlé les convictions les plus fermes, et produit, au milieu de la société, une confusion de principes qui se prête aux tentatives les plus funestes. C'est par l'anarchie dans les doctrines qu'elle prélude à l'anarchie dans l'Etat.

Il est digne de remarque, Sire, que la presse périodique n'a pas même rempli sa plus essentielle condition, celle de la publicité. Ce qui est étrange, mais ce qui est vrai à dire, c'est qu'il n'y a pas de publicité en France, en prenant ce mot dans sa juste et rigoureuse acception. Dans l'état des choses, les faits, quand ils ne sont pas entièrement supposés, ne parviennent à la connaissance de plusieurs sections de lecteurs que tronqués, défigurés, mutilés de la manière la plus odieuse. Un épais nuage, élevé par les journaux, dérobe la vérité et intercepte en quelque sorte la lumière entre

le gouvernement et les peuples. Les rois vos
prédécesseurs, Sire, ont toujours aimé à se
communiquer à leurs sujets : c'est une satisfaction dont la presse n'a pas voulu que
V. M. puisse jouir.

Une licence qui a franchi toutes les bornes
n'a respecté, en effet, même dans les occasions
les plus solennelles, ni les volontés expresses
du Roi, ni les paroles descendues du haut du
trône. Les unes ont été méconnues et déna-
turées; les autres ont été l'objet de perfides
commentaires ou d'amères dérisions. C'est
ainsi que le dernier acte de la puissance royale,
la proclamation, a été discrédité dans le
public, avant même d'être connu des électeurs.

Ce n'est pas tout. La presse ne tend pas à
moins qu'à subjuguer la souveraineté et à
envahir les pouvoirs de l'État. Organe prétendu de l'opinion publique, elle aspire à
diriger les débats des deux Chambres, et il est
incontestable qu'elle y apporte le poids d'une
influence non moins fâcheuse que décisive.
Cette domination a pris, surtout depuis deux
ou trois ans, dans la Chambre des députés, un
caractère manifeste d'oppression et de tyrannie.
On a vu, dans cet intervalle de temps, les

journaux poursuivre de leurs insultes et de
leurs outrages les membres dont le vote leur
paraissait incertain ou suspect. Trop souvent,
Sire, la liberté des délibérations dans cette
Chambre a succombé sous les coups redoublés
de la presse.

On ne peut qualifier en termes moins sin-
cères la conduite de l'opposition dans des
circonstances plus récentes. Après avoir
eux-mêmes provoqué une adresse attentatoire
aux prérogatives du trône, ils n'ont pas craint
d'ériger en principe la réélection des 221
députés dont elle est l'ouvrage. Et cependant
Votre Majesté avait repoussé cette adresse
comme offensante; elle avait porté un blâme
public sur le refus du concours qui y était
exprimé; elle avait annoncé sa résolution
immuable de défendre les droits de sa couronne si ouvertement compromis. Les feuilles
périodiques n'en ont pas tenu compte; elles ont
pris, au contraire, à tâche de renouveler, de
perpétuer et d'aggraver l'offense. Votre Majesté décidera si cette attaque doit rester plus
long-temps impunie.

Mais de tous les excès de la presse, le plus
grave peut-être nous reste à signaler. Dès les

premiers temps de cette expédition dont la gloire jette un éclat si pur et si durable sur la noble couronne de France, la presse en a critiqué avec une violence inouie les causes, les moyens, les préparatifs, les chances de succès. Insensible à l'honneur national, il n'a pas dépendu d'elle que notre pavillon ne restât flétri des insultes d'un barbare. Indifférente aux grands intérêts de l'humanité, il n'a pas dépendu d'elle que l'Europe ne restât asservie à un esclavage cruel et à des tributs honteux.

Ce n'est point assez: par une trahison que nos lois auraient pu atteindre, la presse s'est attachée à publier tous les secrets de l'armement, à porter à la connaissance de l'étranger l'état de nos forces, le dénombrement de nos troupes, celui de nos vaisseaux, l'indication des points de station, les moyens à employer pour dompter l'inconstance des vents, et pour aborder la côte. Tout, jusqu'au lieu du débarquement, a été divulgué comme pour ménager à l'ennemi une défense plus assurée.

Et, chose sans exemple chez un peuple civilisé! la presse, par de fausses alarmes sur les périls à courir, n'a pas craint de jeter le découragement dans l'armée, et signalant à sa haine le chef même de l'entreprise, elle a pour ainsi dire excité les soldats à lever contre lui l'étendard de la révolte ou à déserter leurs drapeaux ! Voilà ce qu'ont osé faire les organes d'un parti qui se prétend national !

Ce qu'il ose faire chaque jour, dans l'intérieur du royaume, ne va pas moins qu'à disperser les élémens de la paix publique, à dissoudre les liens de la société, et, qu'on ne s'y méprenne point, à faire trembler le sol sous nos pas. Ne craignons pas de révéler ici toute l'étendue de nos maux pour pouvoir mieux apprécier toute l'étendue de nos ressources. Une diffamation systématique, organisée en grand, et dirigée avec une persévérance sans égale, va atteindre, ou de près ou de loin, jusqu'au plus humble des agens du pouvoir. Nul de vos sujets, Sire, n'est à l'abri d'un outrage, s'il reçoit de son souverain la moindre marque de confiance ou de satisfaction. Un vaste réseau, étendu sur la France, enveloppe tous les fonctionnaires publics; constitués en état permanent de prévention, ils semblent en quelque sorte retranchés de la société civile; on n'épargne que ceux dont la fidélité chancelle; on ne loue que ceux dont la fidélité succombe; les autres sont notés par la faction pour être plus tard sans doute immolés aux vengeances populaires.

Nulle force, il faut l'avouer, n'est capable de résister à un dissolvant aussi énergique que la presse. A toutes les époques où elle s'est dégagée de ses entraves, elle a fait irruption, invasion dans l'État. On ne peut qu'être singulièrement frappé de la similitude de ses effets depuis quinze ans, malgré la diversité des circonstances et malgré le changement des hommes qui ont occupé la scène politique. Sa destinée est, en un mot, de recommencer la révolution, dont elle proclame hautement les principes. Placée et replacée à plusieurs intervalles sous le joug de la censure, elle n'a autant de fois ressaisi la liberté que pour reprendre son ouvrage interrompu. Afin de le continuer avec plus de succès, elle a trouvé un actif auxiliaire dans la presse départementale qui, mettant aux prises les jalousies et les haines locales, semant l'effroi dans l'ame des hommes timides, harcelant l'autorité par d'interminables tracasseries, a exercé une influence presque décisive sur les élections.

La presse périodique n'a pas mis moins

d'ardeur à poursuivre de ses traits envenimés la religion et le prêtre. Elle veut, elle voudra toujours déraciner, dans le cœur des peuples, jusqu'au dernier germe des sentimens religieux. Sire, ne doutez pas qu'elle n'y parvienne, en attaquant les fondemens de la foi, en altérant les sources de la morale publique, et en prodiguant à pleines mains la dérision aux ministres des autels.

Ces derniers effets, Sire, sont passagers; mais des effets plus durables se font remarquer dans les mœurs et dans le caractère de la nation. Une polémique ardente, mensongère et passionnée, école de scandale et de licence, y produit des changemens graves et des altérations profondes; elle donne une fausse direction aux esprits, les remplit de préventions et de préjugés, les détourne des études sérieuses, nuit ainsi aux progrès des arts et des sciences, excite parmi nous une fermentation toujours croissante, entretient, jusque dans le sein des familles, de funestes dissensions, et pourrait par degrés nous ramener à la barbarie.

Contre tant de maux enfantés par la presse périodique, la loi et la justice sont également réduites à confesser leur impuissance.

Il serait superflu de rechercher les causes qui ont atténué la répression, et en ont fait insensiblement une arme inutile dans la main du pouvoir. Il nous suffit d'interroger l'expérience et de constater l'état présent des choses.

Les mœurs judiciaires se prêtent difficilement à une répression efficace. Cette vérité d'observation avait depuis long-temps frappé de bons esprits : elle a acquis nouvellement un caractère plus marqué d'évidence. Pour satisfaire aux besoins qui l'ont fait instituer, la répression aurait dû être prompte et forte : elle est restée lente, faible et à peu près nulle. Lorsqu'elle intervient, le dommage est commis ; loin de le réparer, la punition y ajoute le scandale du débat.

La poursuite juridique se lasse, la presse séditieuse ne se lasse jamais. L'une s'arrête, parce qu'il y a trop à sévir, l'autre multiplie ses forces en multipliant ses délits.

Dans des circonstances diverses, la poursuite a eu ses périodes d'activité ou de relâchement. Mais zèle ou tiédeur de la part du ministère public, qu'importe à la presse ? Elle cherche dans le redoublement de ses excès la garantie de leur impunité.

L'insuffisance ou plutôt l'inutilité des précautions établies dans les lois en vigueur, est démontrée par les faits, c'est que la sûreté publique est compromise par la licence de la presse. Il est temps, il est plus que temps d'en arrêter les ravages.

Entendez, Sire, ce cri prolongé d'indignation et d'effroi qui part de tous les points de votre royaume. Les hommes paisibles, les gens de bien, les amis de l'ordre élèvent vers Votre Majesté des mains suppliantes. Tous lui demandent de les préserver du retour des calamités dont leurs pères ou eux-mêmes eurent tant à gémir. Ces alarmes sont trop réelles pour n'être pas écoutées, ces vœux sont trop légitimes pour n'être pas accueillis.

Il n'est qu'un seul moyen d'y satisfaire, c'est de rentrer dans la Charte. Si les termes de l'article 8 sont ambigus, son esprit est manifeste. Il est certain que la Charte n'a pas concédé la liberté des journaux et des écrits périodiques. Le droit de publier ses opinions personnelles n'implique sûrememt pas le droit de publier, par voie d'entreprise, les opinions d'autrui. L'un est l'usage d'une faculté que la loi a pu laisser libre ou soumettre à des res-

trictions, l'autre est une spéculation d'indus-
trie qui, comme les autres et plus que les
autres, suppose la surveillance de l'autorité
publique.

Les intentions de la Charte, à ce sujet, sont
exactement expliquées dans la loi du 21 octobre 1814, qui en est en quelque sorte l'ap-
pendice; on peut d'autant moins en douter
que cette loi fut présentée aux Chambres le
5 juillet, c'est-à-dire un mois après la pro-
mulgation de la Charte. En 1819, à l'époque
même où un système contraire prévalut dans
les Chambres, il y fut hautement proclamé que
la presse périodique n'était point régie par la
disposition de l'article 8. Cette vérité est d'ailleurs attestée par les lois même qui ont imposé aux journaux la condition d'un caution-
nement.

Maintenant, Sire, il ne reste plus qu'à se
demander comment doit s'opérer ce retour
à la Charte et à la loi du 21 octobre 1814. La
gravité des conjonctures présentes a résolu
cette question.

Il ne faut pas s'abuser. Nous ne sommes
plus dans les conditions ordinaires du gouvernement représentatif. Les principes sur les-

quels il a été établi n'ont pu demeurer in-
tacts au milieu des vicissitudes politiques. Une
démocratie turbulente, qui a pénétré jusque
dans nos lois, tend à se substituer au pouvoir
légitime. Elle dispose de la majorité des élections par le moyen de ses journaux et le concours d'affiliations nombreuses. Elle a para-
lysé, autant qu'il dépendait d'elle, l'exercice
régulier de la plus essentielle prérogative de
la couronne, celle de dissoudre la Chambre
élective. Par cela même, la constitution de
l'État est ébranlée : Votre Majesté seule con-
serve la force de la rasseoir et de la raffermir
sur ses bases.

Le droit, comme le devoir d'en assurer le
maintien, est l'attribut inséparable de la souveraineté. Nul gouvernement sur la terre ne
resterait debout, s'il n'avait le droit de pourvoir à sa sûreté. Ce pouvoir est préexistant
aux lois, parce qu'il est dans la nature des
choses. Ce sont là, Sire, des maximes qui ont
pour elles et la sanction du temps et l'aveu de
tous les publicistes de l'Europe.

Mais ces maximes ont une autre sanction
plus positive encore, celle de la Charte elle-
même. L'article 14 a investi Votre Majesté

d'un pouvoir suffisant, non sans doute pour changer nos institutions, mais pour les consolider et les rendre plus immuables.

D'impérieuses nécessités ne permettent plus de différer l'exercice |de ce pouvoir suprême. Le moment est venu de recourir à des mesures qui rentrent dans l'esprit de la Charte, mais qui sont en dehors de l'ordre légal, dont toutes les ressources ont été inutilement épuisées.

Ces mesures, Sire, vos ministres, qui doivent en assurer le succès, n'hésitent pas à vous les proposer, convaincus qu'ils sont que force restera à justice.

Nous sommes avec le plus profond respect,

Sire,

De Votre Majesté,

Les très-humbles et très-fidèles sujets,

Le président du conseil des ministres,

Prince DE POLIGNAC.

Le garde-des-sceaux de France, ministre de la justice ;

CHANTELAUZE.

(19)

Le ministre de la marine et des colonies,

Baron D'HAUSSEZ.

Le ministre secrétaire-d'état de l'intérieur,

Comte DE PEYRONNET.

Le ministre secrétaire-d'état des finances,

MONTBEL.

Le ministre secrétaire-d'état des affaires ecclé-siastiques et de l'instruction publique,

Comte DE GUERNON-RANVILLE.

Le ministre secrétaire-d'état des travaux pu-blics,

Baron CAPELLE.

ORDONNANCES DU ROI.

CHARLES, par la grâce de Dieu, Roi de France et de Navarre,

A tous ceux qui ces présentes verront, salut:

Sur le rapport de notre conseil des ministres,

Nous avons ordonné et ordonnons ce qui suit:

ART. 1er. La liberté de la presse périodique est suspendue.

2*

2. Les dispositions des art. 1er, 2 et 9 du titre 1er de la loi du 21 octobre 1814 sont remises en vigueur.

En conséquence, nul journal et écrit périodique ou semi-périodique, établi ou à établir, sans distinction des matières qui y seront traitées, ne pourra paraître, soit à Paris, soit dans les départemens, qu'en vertu de l'autorisation qu'en auront obtenue de nous séparément les auteurs et l'imprimeur.

Cette autorisation devra être renouvelée tous les trois mois.

Elle pourra être révoquée.

3. L'autorisation pourra être provisoirement accordée et provisoirement retirée par les préfets aux journaux et ouvrages périodiques ou semi-périodiques publiés ou à publier dans les départemens.

4. Les journaux et écrits, publiés en contravention à l'article 2, seront immédiatement saisis.

Les presses et caractères qui auront servi à leur impression seront placés dans un dépôt public et sous scellés, ou mis hors de service.

5. Nul écrit au-dessous de vingt feuilles d'impression ne pourra paraître qu'avec l'au-

torisation de notre ministre secrétaire-d'état de l'intérieur, à Paris, et des préfets dans les départemens.

Tout écrit de plus de vingt feuilles d'impression qui ne constituera pas un même corps d'ouvrage sera également soumis à la nécessité de l'autorisation.

Les écrits publiés sans autorisation seront immédiatement saisis.

Les presses et caractères qui auront servi à leur impression seront placés dans un dépôt public et sous scellés, ou mis hors de service.

6. Les mémoires sur procès et les mémoires des sociétés savantes ou littéraires sont soumis à l'autorisation préalable, s'ils traitent en tout ou en partie de matières politiques, cas auquel les mesures prescrites par l'art. 5 leur seront applicables.

7. Toute disposition contraire aux présentes restera sans effet.

8. L'exécution de la présente ordonnance aura lieu en conformité de l'art. 4 de l'ordonnance du 28 novembre 1816 et de ce qui est prescrit par celle du 18 janvier 1817.

9. Nos ministres secrétaires-d'état sont chargés de l'exécution des présentes.

Donné en notre château de Saint-Cloud, le 25 juillet de l'an de grâce 1830, et de notre règne le sixième.

CHARLES.

Par le Roi :

Le président du conseil des ministres,
Prince DE POLIGNAC.

Le garde des-sceaux ministre secrétaire-d'état de la justice,

DE CHANTELAUZE.

Le ministre secrétaire-d'état de la marine et des colonies,

Baron D'HAUSSEZ.

Le pair de France, ministre secrétaire-d'état de l'intérieur,

Comte DE PEYRONNET.

Le ministre secrétaire-d'état des finances,

MONTBEL.

Le ministre secrétaire-d'état au département des affaires ecclésiastiques et de l'instruction publique,

Comte DE GUERNON-RANVILLE.

Le ministre secrétaire-d'état au département des travaux publics,

Baron CAPELLE.

Charles, etc.

A tous ceux qui ces présentes verront, salut.

Vu l'art. 50 de la Charte constitutionnelle,

Etant informé des manœuvres qui ont été pratiquées sur plusieurs points de notre royaume, pour tromper et égarer les électeurs pendant les dernières opérations des colléges électoraux,

Notre conseil entendu,

Nous avons ordonné et ordonnons :

Art. 1er. La chambre des députés des départemens est dissoute.

2. Notre ministre secrétaire-d'état de l'intérieur est chargé de l'exécution de la présente ordonnance.

Donné à Saint-Cloud, le 25e jour du mois de juillet de l'an de grâce 1830 et de notre règne le sixième.

CHARLES.

Par le Roi,

Le ministre secrétaire-d'état de l'intérieur,

Comte de Peyronnet.

Charles, etc.

A tous ceux qui ces présentes verront, salut :

Ayant résolu de prévenir le retour des manœuvres qui ont exercé une influence pernicieuse sur les dernières opérations des colléges électoraux ;

Voulant en conséquence réformer, selon les principes de la Charte constitutionnelle, les règles d'élection dont l'expérience a fait sentir les inconvéniens;

Nous avons reconnu la nécessité d'user du droit qui nous appartient, de pourvoir, par des actes émanés de nous, à la sûreté de l'État, et à la répression de toute entreprise attentatoire à la dignité de notre couronne.

A ces causes,

Notre conseil entendu,

Nous avons ordonné et ordonnons :

Art. 1er. Conformément aux articles 15, 36 et 50 de la Charte constitutionnelle, la Chambre des députés ne se composera que de députés de département.

2. Le cens électoral et le cens d'éligibilité se composeront exclusivement des sommes pour lesquelles l'électeur et l'éligible seront inscrits personnellement, en qualité de pro-

priétaire ou d'usufruitier, au rôle de l'imposition foncière et de l'imposition personnelle et
mobilière.

3. Chaque département aura le nombre de
députés qui lui est attribué par l'article 36 de
la Charte constitutionnelle.

4. Les députés seront élus et la Chambre
sera renouvelée dans la forme et pour le temps
fixés par l'art. 37 de la Charte constitution—
nelle.

5. Les colléges électoraux se diviseront en
colléges d'arrondissement et colléges de
département.

Sont toutefois exceptés les colléges électoraux des départemens auxquels il n'est attribué
qu'un seul député.

6. Les colléges électoraux d'arrondissement
se composeront de tous les électeurs dont le
domicile politique sera établi dans l'arrondis—
sement.

Les colléges électoraux de département se
composeront du quart le plus imposé des
électeurs du département.

7. La circonscription actuelle des colléges
électoraux d'arrondissement est maintenue.

8. Chaque collége électoral d'arrondisement

élira un nombre de candidats égal au nombre des députés du département.

9. Le collége d'arrondissement se divisera en autant de sections qu'il devra nommer de candidats.

Cette division s'opérera proportionellement au nombre des sections et au nombre total des électeurs du collége, en ayant égard, autant qu'il sera possible, aux convenances des localités et du voisinage.

10. Les sections du collége électoral d'arrondissement pourront être assemblées dans des lieux différens.

11. Chaque section du collége électoral d'arrondissement élira un candidat et procédera séparément.

12. Les présidens des sections du collége électoral d'arrondissement seront nommés, par les préfets, parmi les électeurs de l'arrondissement.

13. Le collége de département élira les députés.

La moitié des députés du département devra être choisie dans la liste générale des candidats proposés par les colléges d'arrondissement.

Néanmoins, si le nombre des députés du

département est impair, le partage sera sans réduction du droit réservé au collége du département.

14. Dans le cas où par l'effet d'omissions, de nominations nulles ou de doubles nominations, la liste de candidats proposés par les colléges d'arrondissement serait incomplète, si cette liste est réduite au-dessous de la moitié du nombre exigé, le collége de département pourra élire un député de plus hors de la liste; si la liste est réduite au-dessous du quart, le collége de département pourra élire, hors de la liste, la totalité des députés du département.

15. Les préfets, les sous-préfets et les officiers-généraux commandant les divisions militaires et les départemens, ne pourront être élus dans les départemens où ils exercent leurs fonctions.

16. La liste des électeurs sera arrêtée par le préfet en conseil de préfecture. Elle sera affichée cinq jours avant la réunion des colléges.

17. Les réclamations sur la faculté de voter auxquelles il n'aura pas été fait droit par les préfets seront jugées par la Chambre des

députés en même temps qu'elle statuera sur la validité des opérations des colléges.

18. Dans les colléges électoraux de département les deux électeurs les plus âgés et les deux électeurs les plus imposés rempliront les fonctions de scrutateurs.

La même disposition sera observée dans les sections de collége d'arrondissement, composées de plus de cinquante électeurs.

Dans les autres sections de collége, les fonctions de scrutateur seront remplies par le plus âgé et par le plus imposé des électeurs.

Le secrétaire sera nommé dans le collége des sections de colléges par le président et les scrutateurs,

19. Nul ne sera admis dans le collége ou section de collége, s'il n'est inscrit sur la liste des électeurs qui en doivent faire partie. Cette liste sera remise au président, et restera affichée dans le lieu des séances du collége pendant la durée de ses opérations.

20. Toute discussion et toute délibération quelconques seront interdites dans le sein des colléges électoraux.

21. La police du collége appartient au président. Aucune force armée ne pourra, sans

sa demande, être placée auprès du lieu des séances. Les commandans militaires seront tenus d'obtempérer à ses réquisitions.

22. Les nominations seront faites, dans les colléges et sections de collége, à la majorité absolue des votes exprimés.

Néanmoins, si les nominations ne sont pas terminées après deux tours de scrutin, le bureau arrêtera la liste des personnes qui auront obtenu le plus de suffrages au deuxième tour. Elle contiendra un nombre de noms double de celui des nominations qui resteront à faire. Au troisième tour, les suffrages ne pourront être donnés qu'aux personnes inscrites sur cette liste, et la nomination sera faite à la majorité relative.

23. Les électeurs voteront par bulletin de liste. Chaque bulletin contiendra autant de noms qu'il y aura de nominations à faire.

24. Les électeurs écriront leur vote sur le bureau, ou l'y feront inscrire par l'un des scrutateurs.

25. Le nom, la qualification et le domicile de chaque électeur, qui déposera son bulletin, seront inscrits par le secrétaire sur une liste destinée à constater le nombre des votans

26. Chaque scrutin restera ouvert pendant six heures et sera dépouillé séance tenante.

27. Il sera dressé un procès-verbal pour chaque séance. Ce procès-verbal sera signé par tous les membres du bureau.

28. Conformément à l'art. 46 de la Charte constitutionnelle, aucun amendement ne pourra être fait à une loi, dans la Chambre, s'il n'a été proposé ou consenti par nous, et s'il n'a été renvoyé et discuté dans les bureaux.

29. Toutes dispositions contraires à la présente ordonnance resteront sans effet.

30. Nos ministres secrétaires-d'état sont chargés de l'exécution de la présente ordonnance.

Donné à Saint-Cloud, le 25 du mois de juillet de l'an de grâce 1830, et de notre règne le sixième.

CHARLES.

Par le Roi :

Le président du conseil des ministres,
Prince DE POLIGNAC.

Le garde-des-sceaux ministre de la justice,
CHANTELAUZE.

Le ministre de la marine et des colonies ,

Baron d'Haussez.

Le pair de France, ministre secrétaire-d'état de l'intérieur ,

De Peyronnet.

Le ministre secrétaire-d'état des finances,

Montbel.

Le ministre des affaires ecclésiastiques et de l'instruction publique,

Comte de Guernon—Ranville.

Le ministre des travaux publics,

Capelle.

Charles, etc.

A tous ceux qui ces présentes verront, salut :

Vu l'ordonnance royale en date de ce jour, relative à l'organisation des colléges électoraux ;

Sur le rapport de notre ministre secrétaire-d'état au département de l'intérieur;

Nous avons ordonné et ordonnons ce qui suit :

Art. 1ᵉʳ. Les colléges électoraux se réuniront,

savoir : les colléges électoraux d'arrondissement, le 6 septembre prochain, et les colléges
électoraux de département, le 13 du même
mois.

2. La Chambre des pairs et la Chambre des
députés des départemens sont convoquées
pour le 28 du mois de septembre prochain.

3. Notre ministre secrétaire-d'état de l'intérieur est chargé de l'exécution de la présente
ordonnance.

Donné au château de Saint-Cloud, le 25 juillet de l'an de grâce 1830, et de notre règne
le sixième.

CHARLES.

Par le Roi :

*Le pair de France, ministre secrétaire-d'état
de l'intérieur,*

Comte DE PEYRONNET.

CHARLES, etc.

A tous ceux qui ces présentes verront, salut.
Sur le rapport de notre garde-des-sceaux,
ministre secrétaire-d'état au département de
la justice,

Nous avons ordonné et ordonnons ce qui suit :

Art. 1er. Le sieur Delaveau, conseiller-d'état en service extraordinaire, est nommé conseiller-d'état en service ordinaire.

2. Les sieurs comte de Vaublanc, baron Dudon, ministres d'état; marquis de Forbin des Issarts, baron de Frenilly, Franchet Desperey, vicomte de Castelbajac, Syrieys de Mayrinhac, conseillers-d'état en service extraordinaire, sont autorisés à assister et à participer aux délibérations de notre conseil-d'état.

3. Les sieurs Cornet-d'Incourt, conseiller-d'état honoraire, et baron de Villebois, maître des requêtes, sont nommés conseillers-d'état en service extraordinaire, avec autorisation d'assister et de participer aux délibérations de notre conseil-d'état.

4. Les sieurs de Formon et vicomte de Conny, maîtres des requêtes, sont nommés conseillers-d'état en service extraordinaire, avec autorisation d'assister et de participer aux délibérations de notre conseil-d'état.

5. Les sieurs vicomte de Curzay, maître des requêtes, préfet du département de la

Gironde, et marquis de Villeneuve, préfet du département de la Corrèze, sont nommés conseillers-d'état en service extraordinaire.

6. Les sieurs baron de Chaulieu, préfet du département de la Loire, et Méry de Contades, sont nommés maîtres des requêtes en service extraordinaire.

7. Notre garde-des-sceaux, ministre sécrétaire-d'état au département de la justice, est chargé de l'exécution de la présente ordonnance.

Donné en notre château de Saint-Cloud, le 25 juillet de l'an de grâce 1830, et de notre règne le sixième.

CHARLES.

Par le Roi :

Le garde-des-sceaux ministre de la justice,

CHANTELAUZE.

CHARLES, etc.

A tous ceux qui ces présentes verront, salut.

Sur le rapport de notre garde-des-sceaux, ministre secrétaire-d'état au département de la justice,

(35)

Nous avons ordonné et ordonnons ce qui suit :

Art. 1er. Le sieur Bergasse, ancien député aux états-généraux, est nommé conseiller-d'état honoraire.

2. Notre garde-des-sceaux, ministre secrétaire-d'état au département de la justice, est chargé de l'exécution de la présente ordonnance.

Donné au château de Saint-Cloud, le 25 juillet de l'an de grâce 1830, et de notre règne le sixième.

CHARLES.

Par le Roi :

Le gardes-des-sceaux de France, ministre de la justice,

CHANTELAUZE.

————

Ces actes, qui devaient être les derniers du gouvernement jésuitique, ne furent généralement connus dans Paris que vers le milieu de la journée. Alors une agitation extraordinaire se manifesta, une partie de la population se répandit dans les rues, sur les bou-

3*

levards et dans les lieux publics. Les uns paraissaient consternés, les autres par leur démarche et l'expression de leur physionomie annonçaient la colère et l'indignation ; on se cherchait, on s'abordait, on se parlait avec chaleur : tout indiquait l'approche d'un terrible orage.

Les troupes étaient consignées dans leurs quartiers, mais les postes n'étaient pas doublés, et l'on remarquait seulement un grand nombre d'agens de police, surtout dans les cafés et les cabinets littéraires.

Le soir, sur les huit heures, un grand rassemblement se forma dans la galerie neuve du Palais-Royal, vis-à-vis le bureau du *Régénérateur*, journal rédigé par M. le marquis de Chabannes, qui avait déjà subi deux saisies et distribuait encore une protestation contre le ministère, quand le commissaire, suivi de quelques gendarmes, vint fermer son établissement. Plusieurs fois la foule fut éloignée par les gendarmes, mais elle se formait toujours de nouveau et se grossissait considérablement. Aux cris de *à bas les baïonnettes ! à bas les gendarmes !* les boutiques se fermaient de tous côtés. A neuf heures on fit évacuer le jardin, et le Palais-Royal fut de suite fermé.

Cette journée se termina ainsi au milieu de la plus vive agitation, mais sans aucun commencement d'hostilité.

Cependant, tandis que le Roi et son fils, fiers de leur coup d'état, et se reposant sur le dévouement de l'armée, chassaient avec sécurité dans les bois de Rambouillet, plusieurs membres de la Chambre des députés se réunissaient pour aviser au parti à prendre dans ces graves circonstances, et les rédacteurs des journaux s'entendaient pour opposer une résistance commune à la force arbitraire qui suspendait leur publication.

La pièce suivante fut rédigée et adoptée :

« On a souvent annoncé, depuis six mois, que les lois seraient violées, qu'un coup d'état serait frappé. Le bon sens public se refusait à le croire. Le ministère repoussait cette supposition comme une calomnie. Cependant *le Moniteur* a publié enfin ces mémorables ordonnances, qui sont la plus éclatante violation des lois. Le régime légal est donc interrompu ; celui de la force est commencé.

» Dans la situation où nous sommes placés, l'obéissance cesse d'être un devoir. Les citoyens appelés les premiers à obéir sont les écrivains des journaux ; ils doivent donner les premiers l'exemple de la résistance à l'autorité qui s'est dépouillée du caractère de la loi.

» Les raisons sur lesquelles ils s'appuient sont telles , qu'il suffit de les énoncer.

» Les matières que règlent les ordonnances publiées aujourd'hui , sont de celles sur lesquelles l'autorité royale ne peut, d'après la Charte , prononcer toute seule. La Charte (article 8) dit que les Français , en matière de presse, seront tenus de se conformer *aux lois;* elle ne dit pas aux ordonnances. La Charte (article 35) dit que l'organisation des colléges électoraux sera réglée *par les lois;* elle ne dit pas par les ordonnances.

» La couronne avait elle-même, jusqu'ici , reconnu ces articles ; elle n'avait point songé à s'armer contre eux , soit d'un prétendu pouvoir constituant , soit du pouvoir faussement attribué à l'article 14.

» Toutes les fois , en effet , que des circonstances prétendues graves lui ont paru exiger une modification, soit au régime de la presse, soit au régime électoral , elle a eu recours aux deux Chambres. Lorsqu'il a fallu modifier la

Charte pour établir la septennalité et le re-
nouvellement intégral , elle a eu recours , non
à elle-même , comme auteur de cette Charte ,
mais aux Chambres.

» La royauté a donc reconnu , pratiqué elle-
même ces articles 8 et 35 , et ne s'est arrogé ,
à leur égard , ni une autorité constituante , ni
une autorité dictatoriale , qui n'existent nulle
part.

» Les tribunaux qui ont droit d'interprétation
ont solennellement reconnu ces mêmes principes. La Cour royale de Paris, et plusieurs autres,
ont condamné les publicateurs de l'association
bretonne , comme auteurs d'outrage envers le
gouvernement. Elle a considéré comme un
outrage la supposition que le gouvernement
pût employer l'autorité des ordonnances là
où l'autorité de la loi peut seule être admise.

» Ainsi, le texte formel de la Charte, la pra-
tique suivie jusqu'ici par la couronne , les dé-
cisions des tribunaux établissent qu'en matière
de presse et d'organisation électorale, les lois ,
c'est-à-dire le Roi et les Chambres , peuvent
seuls statuer.

» Aujourd'hui donc le gouvernement a violé
la légalité. Nous sommes dispensés d'obéir.

Nous essayons de publier nos feuilles, sans demander l'autorisation qui nous est imposée. Nous ferons nos efforts pour qu'aujourd'hui, au moins, elles puissent arriver à toute la France.

» Voilà ce que notre devoir de citoyens nous impose, et nous le remplissons.

» Nous n'avons pas à tracer ses devoirs à la Chambre illégalement dissoute. Mais nous pouvons la supplier, au nom de la France, de s'appuyer sur son droit évident, et de résister autant qu'il sera en elle à la violation des lois. Ce droit est aussi certain que celui sur lequel nous nous appuyons. La Charte dit, article 50, que le Roi peut dissoudre la Chambre des dé-putés ; mais il faut pour cela qu'elle ait été réunie, constituée en chambre, qu'elle ait soutenu enfin un système capable de provo-quer sa dissolution. Mais, avant la réunion, la constitution de la Chambre, il n'y a que des élections faites. Or, nulle part la Charte ne dit que le Roi peut casser les élections. Les ordon-nances publiées aujourd'hui ne font que casser des élections : elles sont donc illégales, car elles font une chose que la Charte n'autorise pas.

» Les députés élus, convoqués pour le 3 août,

sont donc bien et dûment élus et convoqués.
Leur droit est le même aujourd'hui qu'hier.
La France les supplie de ne pas l'oublier. Tout
ce qu'ils pourront pour faire prévaloir ce droit,
ils le doivent.

» Le gouvernement a perdu aujourd'hui le
caractère de légalité qui commande l'obéissance. Nous lui résistons pour ce qui nous
concerne ; c'est à la France à juger jusqu'où
doit s'étendre sa propre résistance.

» Ont signé, les Gérans et Rédacteurs des
journaux actuellement présens à Paris :

MM.

Gauja, gérant du National.

Thiers, Mignet, Carrel, Chambolle, Peysse,
Albert Stapfer, Dubochet, Rolle, rédacteurs
du National.

Leroux, gérant du Globe.

De Guizard, rédacteur du Globe.

Sarrans jeune, gérant du Courrier des
Electeurs.

B. Dejean, rédacteur du Globe.

Guyet, Moussette, rédacteurs du Courrier.

Auguste Fabre, rédacteur en chef de la
Tribune des Départemens.

Année , rédacteur du Constitutionnel.

Cauchois-Lemaire , rédacteur du Constitutionnel.

Senty , du Temps.

Hausmann , du Temps.

Avenel , du Courrier français.

Dussard, du Temps.

Levasseur , rédacteur de la Révolution.

Evariste Dumoulin.

Alexis de Jussieu , rédacteur du Courrier français.

Châtelain , gérant du Courrier français.

Plagnol , rédacteur en chef de la Révolution.

Fazy , rédacteur de la Révolution.

Buzoni , Barbaroux , rédacteurs du Temps.

Chalas , rédacteur du Temps.

A. Billiard , rédacteur du Temps.

Ader , de la Tribune des Départemens.

F. Larreguy , rédacteur du Journal du Commerce.

J.-F. Dupont , avocat , rédacteur du Courrier français.

Ch. de Rémusat, du Globe.

V. de Lapelouze , l'un des gérans du Courrier français.

Bohain et Roqueplan , du Figaro.

Coste, gérant du *Temps*.

J.-J. Baude, rédacteur du *Temps*.

Bert, gérant du *Commerce*.

Léon Pillet, gérant du *Journal de Paris*.

Vaillant, gérant du *Sylphe*. »

Le 27, dès le matin, on se porta en foule dans tous les lieux où pouvaient se lire les journaux ; mais les commissaires de police avaient déjà signifié aux propriétaires d'établissemens que, s'ils communiquaient au public d'autres feuilles que celles autorisées, leurs maisons seraient immédiatement fermées. Cependant tous les journaux, excepté *le Constitutionnel* et le *Journal des Débats*, avaient été imprimés, et se distribuaient dans la ville. Le Palais-Royal, centre de l'activité de la population de Paris, fut encore le point où l'on se porta pour apprendre des nouvelles. Des amis de la liberté, montés sur des chaises, faisaient à haute voix la lecture du *National* et du *Temps;* les groupes devenaient de plus en plus nombreux, et l'autorité fit encore évacuer le jardin et fermer le Palais.

Pendant ce temps, la police et les gendarmes assiégeaient les bureaux des feuilles libérales , barrant les rues pour saisir les presses et les caractères. Cette brutale exécution contribua beaucoup à ameuter les citoyens et à augmenter l'indignation et le ressentiment publics.

M. Mangin avait fait afficher, dès la veille, une ordonnance relative aux *écrits imprimés;* en voici les dispositions :

« Tout individu qui distribuera des écrits périodiques dans lesquels ne se trouvera pas l'indication des vrais noms, profession et demeure de l'auteur ou de l'imprimeur, ou qui donnera à lire au public les mêmes écrits, sera immédiatement conduit devant le commissaire de police du quartier où les écrits seront saisis.

» Tout individu tenant cabinet de lecture, café, etc., etc., qui y donnera à lire des journaux ou autres écrits imprimés en contravention à l'ordonnance du Roi du 25 de ce mois, sur la presse, sera poursuivi comme complice des délits que ces journaux ou écrits pourraient constituer; et son établissement sera provisoirement fermé. »

Cependant la foule, chassée du Palais-Royal, se répandit sur la place vis-à-vis, et dans toutes les rues voisines ; plus l'heure avançait, plus le nombre des curieux croissait , et des groupes considérables se formèrent sur toutes les places du centre de la ville, sur les boulevards , les quais, dans les rues Saint-Denis et Saint-Martin.

Le poste du Château-d'Eau, vis-à-vis le Palais-Royal, fut doublé, et un piquet de gendarmes à cheval s'y plaça. Sur les dix heures, les fiacres disparurent de la place, et les gendarmes commencèrent à manœuvrer pour la faire évacuer; mais les rues Saint-Honoré, de Richelieu, de Valois, Fromenteau , de Chartres, de Saint-Thomas du Louvre , s'encombrèrent bientôt de monde. Les citoyens de toutes les classes se pressaient, et la circulation devenait de plus en plus difficile ; les détachemens de gendarmerie à pied et à cheval repoussèrent violemment les habitans, les charges devinrent bientôt plus fréquentes et plus vives, et alors commença la résistance. Des coups de bâton furent donnés aux soldats de la police, ils ripostèrent par des coups de sabre , et furent peu de temps après assaillis par une grêle de pierres.

Le poste du Château, occupé par des hommes du 3ᵉ régiment de la garde royale, était commandé par un lieutenant. Cet officier jugea (bien imprudemment) convenable de faire sortir ses soldats sur la place ; ils se trouvèrent ainsi exposés aux pierres lancées aux gendarmes, prirent part à l'affaire, et, sur les quatre heures de l'après-midi, portèrent l'effroi dans le quartier par des décharges réitérées de fusils, faites à peu de distance sur la foule, et dirigées dans la rue Saint-Honoré vers la rue du Coq.

Des malheureux attirés seulement par la curiosité furent atteints par les balles ; des femmes et des enfans furent tués ou blessés, et la vue de leurs corps portés en grande partie à l'hospice de la Charité, imprima un sentiment de terreur et d'indignation parmi les témoins de ce massacre. Les cris de *vengeance!* les cris *aux armes!* se firent entendre de toutes parts, toutes les boutiques se fermèrent, et l'on commença à organiser une vigoureuse défense contre les sbires du pouvoir absolu.

Les troupes de la garnison furent campées sur les places publiques et sur les boulevards ; les régimens de la garde furent appelés de Courbevoie, Ruel et Versailles, et prirent po-

sition avec de l'artillerie sur la place du Carrousel.

Le maréchal Marmont, duc de Raguse, fut nommé commandant en chef des troupes de la première division militaire, et accepta l'horrible mission de faire égorger ses concitoyens.

Cet appareil militaire et le bruit des feux de peloton qui se continuaient au Palais-Royal, ne purent intimider cette population blessée depuis long-temps dans son honneur, et dont le sang teignait déjà les ruisseaux. Les ateliers et les fabriques furent fermés, les ouvriers se répandirent dans la ville. Les réverbères, au nombre de trois mille, furent brisés de tous côtés ; des cordes et des pièces de charpente barrèrent les rues, pour arrêter la course des chevaux.

Des armes et de la poudre furent enlevées chez les armuriers ; des citoyens se rassemblèrent et se concertèrent sur la place de la Bourse et sur les boulevards ; de fortes patrouilles de gendarmes attaquées, mises en déroute et poursuivies à coups de pierre, furent chassées jusqu'à leur caserne ; mais les patrouilles de la troupe régulière furent respectées, et les cris *vive la ligne !* furent partout répétés.

Quelques personnes attendaient, près de la maison de M. Casimir Perrier, la décision d'une réunion de députés assemblés pour rédiger une protestation. La gendarmerie les dispersa à coups de sabre.

Un attroupement assez considérable se forma sur le boulevard des Capucines, vis-à-vis l'hotel de M. de Polignac; les cris *à bas Polignac !* se firent entendre, quelques pierres furent lancées, quelques vitres brisées, et la garde royale chargea plusieurs fois le peuple sur ce point.

Ce fut assez avant dans la nuit que les habitans rentrèrent dans leurs maisons; mais ils restèrent en grande partie sur pied, et tout annonçait une vigoureuse attaque pour le lendemain.

Le 28 à la pointe du jour, tous les habitans de Paris furent sur pied; les ouvriers en grand nombre, armés de bâtons, d'outils, de mauvais sabres, se présentèrent devant plusieurs postes, et désarmèrent, sans les maltraiter, les militaires qui ne firent que peu de résistance. On força le dépôt d'artillerie rue Saint-Dominique, et on prit les armes déposées dans les théâtres et chez tous les armuriers; malheureusement des armes précieuses et rares furent enlevées. Les écoles de droit et de médecine coururent aussi aux armes; les élèves de l'école polytechnique se divisèrent, prirent le commandement des pelotons d'ouvriers, les organisèrent, les dirigèrent, et prévinrent par-là les grands malheurs que des hommes exaltés et armés auraient pu causer dans la ville.

Des masses considérables se formèrent aux portes Saint-Denis, Saint-Martin, dans les environs du Palais-Royal et de l'Hôtel-de-Ville, et sur les quais. Les gardes nationaux parurent en uniforme, et furent accueillis par les plus vives acclamations.

Dans toute la ville les signes du gouvernement royal disparurent comme par enchantement de tous les monumens publics, les armoiries des enseignes furent arrachées, réunies et brûlées : tout cela s'exécuta sans cris, sans violence, avec un ordre qu'on cherche à comprendre et qu'on ne peut qu'admirer.

Tous les dépôts particuliers de poudre à tirer furent sommés de la remettre au peuple, et cette remise fut faite avec empressement de la part des propriétaires. On s'empara des poudres de l'arsenal et du magasin situé sur le boulevard de l'Hôpital.

Le 28 juillet, un fort détachement de garde royale et plusieurs pièces d'artillerie défendaient l'approche de l'hôtel Polignac.

Si le peuple déployait une énergie au-dessus de toute expression, et cherchait tous les moyens possibles d'opposer une résistance terrible aux malheureux séides du roi parjure, l'autorité accumulait de formidables défenseurs ; voici la composition et la force de l'armée royale :

Gendarmerie de Paris.	1,400 hommes.
Gendarmerie des chasses.	200
1er et 3e régimens de la garde. . . .	3,400
6e régiment, venu de Saint-Denis. .	600
8e régiment de la garde (suisse). .	1,700
2e régiment de la garde.	1,700
5e, 50e, 53e de ligne et 15e léger. . .	6,000
1er régiment de grenadiers à cheval, 1er régiment de cuirassiers et le régiment de lanciers.	1,800
1 escadron de carabiniers.	200
Artillerie (12 pièces).	200

17,200 hommes.

Le point central des troupes royales était

la place du Carrousel ; elles occupaient les places Louis XV, Vendôme, des Victoires, du Palais-Royal, du Louvre, de la Bastille et de l'Hôtel-de-Ville.

Dès huit heures du matin le combat commença. Ici la tâche de l'historien devient bien difficile ; sans ordre, sans point de ralliement, sans chefs, sous les rayons d'un soleil brûlant et par une châleur étouffante, les patriotes se portaient çà et là, par foules confuses, et se battaient tantôt dans un quartier, tantôt dans l'autre, se dissipant devant des forces trop supérieures, se ralliant les uns aux autres sans se connaître, mais toujours d'accord pour repousser l'ennemi.

C'est sur la place de l'Hôtel-de-Ville que les premiers coups furent tirés ; les Parisiens qui s'en étaient emparés en furent débusqués par les Suisses, l'artillerie et les carabiniers. A neuf heures des décharges générales retentirent dans tout Paris et firent saigner le cœur de tous les citoyens ; sur ce point un feu épouvantable dura douze heures sans interruption, pendant lesquelles l'Hôtel-de-Ville fût plusieurs fois pris et repris. Les citoyens maitres de la rive gauche de la Seine arborèrent un drapeau

tricolore sur les tours Notre-Dame, et sonnè-
rent le tocsin dans plusieurs paroisses.

La place du Palais-Royal fut bientôt atta-
quée; le troisième régiment d'infanterie de la
garde qui y était en bataille fit des feux de peloton dans toutes les directions, et frappa de
ses balles, non-seulement les hommes armés, mais les passans paisibles qui vaquaient
à leurs affaires ou rentraient dans leurs maisons.

Dans la rue Saint-Antoine, les soldats
royaux furent assaillis par une grêle de tuiles
et de plâtras; les environs de l'Hôtel-de-Ville
devinrent inabordables, les cuirassiers y furent
écrasés.

Des pavés lancés du haut de la porte Saint-
Martin rendirent son approche très-meur-
trière.

Peu à peu le combat devint plus régulier;
les bourgeois, rendus plus prudens par le
danger, se rallièrent davantage, et combinèrent
mieux leur attaque. Les élèves de l'école polytechnique, alliant le talent à l'intrépidité, dirigèrent des colonnes avec un ordre étonnant;
d'anciens officiers vinrent aussi donner à la fois
de bons conseils et de beaux exemples; le

calme et la méthode succédèrent à l'impétuo-sité irréfléchie.

Si les habitans acquéraient de plus en plus de confiance dans leurs forces, l'armée au contraire, comprenant le rôle odieux qu'on lui faisait jouer dans cet épouvantable drame, commençait à réfléchir sur sa position. La garde royale marquait de l'hésitation, la troupe de ligne manifestait hautement son extrême répugnance à tirer sur le peuple. Les officiers de la garde animaient les soldats et les poussaient au combat ; ils furent secondés par de puissans auxiliaires, l'argent et le vin. Chaque soldat de la garde reçut 35 francs, ceux de la ligne 28 francs, en pièces neuves de 2 francs [1].

---

[1] Après la prise du château, on a trouvé la pièce suivante, sous le couvert de M. de Lentivy Dereste, capitaine-archiviste de l'état-major général de la garde royale :

GARDE ROYALE. — ÉTAT-MAJOR GÉNÉRAL. ..

Ordre du jour.

Le Roi a chargé M. le maréchal duc de Raguse de témoigner aux troupes de la garde et de là ligne sa satisfaction de leur bonne conduite pendant ces deux dernières journées. Sa Majesté n'attendait pas moins du zèle

(Il paraît que la distribution n'a pas pu être faite à tous les régimens de ligne.) Des baquets remplis de vin étaient apportés aux hommes sous les armes, et l'on parvint enfin à lever leurs scrupules. Les Suisses et le troisième régiment montrèrent surtout un acharnement féroce.

Des détachemens se transportaient d'un quartier à l'autre, faisant feu dans toutes les rues.

Des combats sanglans furent livrés sur les boulevards, à la Madelaine et à la Halle, les gardes nationaux s'échelonnaient sur les quais des Augustins, Malaquais et Voltaire ; soutenaient des rassemblemens établis sur ces divers

et du dévouement de ces braves troupes, et leur accorde en témoignage de sa satisfaction un mois et demi de solde. MM. les chefs de corps feront leurs états de solde, et pourront les présenter demain à l'état-major général de la garde, où cette gratification leur sera payée.

Paris, le 28 juillet 1830.

Pour le major-général de service et par ses ordres :

L'aide-major-général de service,

Signé Marquis de Choiseul.

points, et échangeaient des coups de fusil avec les Suisses du Louvre et des Tuileries.

Vers le milieu de la journée le combat était général, la fusillade et le canon retentissaient sur tous les points de Paris, mais tout annonçait la défaite de l'ennemi; le duc de Raguse fit de grands efforts pour s'emparer de l'Hôtel-de-Ville, mais ils furent vains; il ordonna une manœuvre qui paralysa d'abord l'avantage des citoyens : de fortes colonnes accompagnées d'artillerie partirent des environs du château des Tuileries, tous les boulevards intérieurs, depuis la Madelaine jusqu'à la Bastille, furent entièrement balayés par la mitraille et la mousqueterie; des pelotons furent placés devant chacune des rues qui se dirigent vers les barrières, y firent un feu trèsvif, éloignèrent ainsi les assaillans, et coupèrent les communications entre les faubourgs et la ville. Dans les rues une foule de gens paisibles et sans armes furent ajustés et tués par la garde royale; sur les boulevards les cavaliers sabraient indistinctement tous les individus, et pendant ce mouvement ce n'était plus un combat, mais un véritable massacre.

La même manœuvre se fit sur les quais; les

balles et les boulets criblèrent la façade de l'Institut, et les rives de la Seine furent entièrement évacuées par le peuple.

. Vers les trois heures l'armée royale cernait donc tout le centre de la ville, et occupait en outre les places publiques de l'intérieur : on continuait à se battre à la Halle, au Palais-Royal et surtout à l'Hôtel-de-Ville.

La colonne qui parcourut le boulevard se composait d'un bataillon du 1er régiment, de 600 hommes du 6e, de deux bataillons du 5e et des lanciers, sous le commandement du général Saint-Chamans. Cette colonne, après avoir parcouru le boulevard, entra dans la rue Saint-Antoine ; mais arrivé près de la rue de Fourcy, entre les maisons n. 70 et 90, elle fut tellement accablée de cailloux, de fusillades, de meubles, de tout ce qu'on put jeter, qu'elle ne put continuer et faire sa jonction avec les troupes de l'Hôtel-de-Ville ; elle revint en désordre, infanterie et cavalerie mêlées, vers la place de la Bastille. On envoya quelques compagnies du 50e et les lanciers pour défendre le pont d'Austerlitz contre le quartier Saint-Marcel qui arrivait ; elle prit ensuite les quais ; les compagnies du 50e cé-

dèrent les passages du pont ; les lanciers ne
chargèrent pas ; le quartier Saint-Marcel ayant
fait sa jonction avec celui Saint-Antoine, toutes les troupes du général Saint-Chamans,
qui étaient sans cartouches et sans vivres depuis long-temps, passèrent le pont d'Austerlitz, suivirent les boulevards extérieurs, et
arrivèrent pendant la nuit aux Invalides et à
l'Ecole-Militaire.

Vers le soir le maréchal s'aperçut que les
forces populaires devenaient trop formidables
pour penser à leur résister. Les régimens de
ligne refusèrent positivement de tirer ; les cin-
quième et cinquante-troisième fraternisèrent
avec les citoyens, et laissant le passage libre
au peuple par la rue de la Paix et la place
Vendôme, une partie de la garde se trouva
entre deux feux. Les troupes quittèrent plusieurs points importans, et se replièrent en
partie dans les environs du château.

Charles X, instruit de ce qui se passait, rendit l'ordonnance suivante, qui ne put être
ni affichée ni publiée :

CHARLES, etc.

A tous ceux qui ces présentes verront, salut :

Vu les articles 53, 101, 102 et 103 du décret du 24 décembre 1811 ;

Considérant qu'une sédition intérieure a troublé, dans la journée du 27 de ce mois, la tranquillité de la ville de Paris,

Notre conseil entendu, nous avons ordonné et ordonnons ce qui suit :

Art. 1er. La ville de Paris est mise en état de siége.

2. Cette disposition sera publiée et exécutée immédiatement.

3. Notre ministre secrétaire-d'état de la guerre est chargé de l'exécution de la présente ordonnance.

Donné en notre château de Saint-Cloud, le 28e jour du mois de juillet de l'an de grâce 1830, et de notre règne le 6e.

Signé CHARLES.

Par le Roi :

Le président du conseil des ministres, chargé par intérim *du portefeuille de la guerre,*

Prince DE POLIGNAC.

Par ampliation :

Le président du conseil des ministres, chargé par intérim *du portefeuille de la guerre,*

Prince DE POLIGNAC.

Les habitans, pour se mettre à l'abri des charges de cavalerie et du feu de l'artillerie légère, exécutèrent pendant la nuit le barricadement général de la ville ; toutes les rues sans exception furent en partie dépavées, des barricades furent élevées de cinquante pas en cinquante pas, et construites avec des charrettes, des fiacres, des omnibus et jusqu'à des diligences qui furent renversées, des tonneaux remplis de terre et de pavés, des pièces de charpente ; les arbres des boulevards furent coupés et placés en travers sur la chaussée, etc. etc ; des pavés montés dans les maisons.

Les corps-de-garde enlevés de nouveau furent brûlés ou démolis, les barrières subirent le même sort, les casernes furent toutes attaquées, forcées ; on y prit des fusils et de la poudre.

Cette nuit fut cruelle pour la population de Paris, personne ne prit de repos, la plus grande inquiétude régnant parmi les habitans. Les hommes armés restèrent en position : on courut de tous côtés pour se procurer des armes et des munitions ; tout annonçait pour le lendemain une affaire décisive.

Le 29, les premiers rayons du soleil montrèrent Paris dans un état de défense si formidable, que Raguse jugea la position inattaquable et replia encore ses troupes, qui n'occupèrent plus que le Louvre, les Tuileries et le Palais-Royal.

Le quartier-général des libéraux semblait être à l'Hôtel-de-Ville, occupé alors par la garde nationale : le drapeau tricolore était partout, surmontait les monumens publics et flottait sur un grand nombre de palissades.

La garde royale, stationnée sur la place Louis XVI, mollit de nouveau et refusa de rentrer dans la ville.

Une attaque terrible fut dirigée par les citoyens, aux cris de *vive la Charte!* sur le Louvre et le Palais-Royal; Marmont essaya d'en arrêter les effets et de cacher sa faiblesse en cherchant à répandre la proclamation suivante qu'il ne put faire imprimer, et que des officiers distribuèrent manuscrite sur quelques points.

*Le maréchal duc de Raguse, gouverneur de
la ville de Paris, major-général de la garde
royale, commandant la ville de Paris en
état de siége.*

PARISIENS,

La journée d'hier a fait répandre bien des
larmes, il n'y a eu que trop de sang versé. Par
humanité je consens à suspendre les hostilités,
dans l'espérance que les bons citoyens se reti-
reront chez eux et reprendront leurs affaires;
je les en conjure avec instance.

Au quartier-général à Paris, le 29 juillet 1830.

Le maréchal duc DE RAGUSE.

Cependant le combat continua avec un
acharnement extraordinaire; une colonne de
Parisiens, arrivée du faubourg Saint-Germain,
aborda le Louvre de front, et fit des feux de
peloton dignes des régimens les mieux exercés.
Cette attaque fut vigoureusement appuyée
par une division qui, depuis le pont des Arts
jusqu'au pont Royal, tiraillait avec les Suisses
et les forçait à reculer vers les Tuileries.

Arrivée au pont Royal, cette division soutint pendant plus d'un quart-d'heure le feu du château et celui de l'hôtel des gardes; mais surmontant tous les obstacles, elle pénétra dans les Tuileries, en continuant le feu sur les fuyards. C'est son drapeau qui, quelques instans plus tard, fut arboré sur la demeure des Rois. Il était porté par M. Joubert.

Pendant ce temps, le Louvre et le Palais-Royal étaient enlevés de vive force. Les Suisses, retranchés dans les maisons, aux coins des rues de Richelieu et de Rohan, faisaient par les fenêtres un feu soutenu et meurtrier, auquel les habitans répondaient par une grêle de balles. Les soldats rouges demandaient pourtant à capituler; mais lorsqu'ils se virent entourés de citoyens la plupart sans armes, qui venaient recevoir leur soumission, ils firent sur eux une décharge terrible...... elle leur coûta bien cher......

A trois heures tout était fini, l'armée royale en pleine retraite. Les Parisiens, maîtres de toute la ville, avaient entièrement conquis la liberté! Mais quel spectacle que ce champ de bataille au milieu d'une ville, que la rue Saint-Honoré ayant ses ruisseaux rougis de sang, et ses pavés jonchés de débris de Suisses ; les places du Carrousel, du Palais-Royal et du Louvre, couvertes de blessés et de cadavres ; des gardes royaux courant çà et là, fuyant la vengeance qu'ils avaient si bien méritée, demandant grâce, et implorant la générosité des habitans pour se procurer des déguisemens ou un asile!... Combien la bienveillance empressée dont ils furent l'objet dut-elle faire naître de remords dans leurs cœurs !

Ces immortelles journées, les plus belles de l'histoire de France, sont surtout remarquables par le sang-froid admirable du peuple de Paris, par son unité de volonté et d'action, par son intrépidité au combat, sa modération dans le succès, et surtout par le respect des personnes et des propriétés, scrupuleusement observé au milieu de la plus épouvantable confusion.

La nuit qui suivit la victoire, 50,000 habitans gardaient la ville ; des postes étaient établis à chaque pas ; un calme profond et un ordre parfait succédaient au tumulte et au fracas du combat.

Les morts et les blessés étaient relevés au moment même où ils tombaient ; des citoyens,

n'écoutant que le cri de l'humanité, se précipi-
taient au milieu des balles pour secourir les
infortunés frappés, et sans distinction de côté
ou d'uniforme. Des femmes se dévouèrent
aussi à ce dangereux service, et plusieurs d'elles
furent tuées ou blessées. Des ambulances nombreuses furent improvisées dans tous les quartiers, des secours en nourriture et en argent
furent apportés de toutes parts, et sous le rapport de la charité et du dévouement philan-
tropique, Paris s'est autant immortalisé que
sous celui de l'audace et du courage.

Les ouvriers, à moitié nus, la plupart sans
argent, accablés de fatigue, brûlés par un
soleil dévorant, recevaient avec une sorte de
froide indifférence impossible à dépeindre la
nourriture qu'on leur offrait; un grand nombre furent quarante-huit heures sans prendre
aucun aliment. De toutes parts on leur offrait
du vin, plusieurs marchands mirent leurs caves
à leur disposition. *De l'eau! de l'eau!* criaient-
ils de tous côtés, *il faut conserver sa tête!* En
effet le nombre des hommes ivres fut presque
imperceptible sur cette masse d'hommes ordi-
nairement peu sobres. Cependant les caves de
l'Archevêché et des Tuileries avaient été pillées.

Si des voleurs étaient remarqués par eux, ils étaient saisis, et plusieurs furent fusillés sur la place.

Dans la journée du 28, pendant que des combats acharnés se livraient dans tous les quartiers de Paris, la protestation des députés se répandit dans la ville et détermina un grand nombre de citoyens à se joindre aux combattans. Cette protestation était ainsi conçue :

« Les soussignés, régulièremeut élus à la députation par les colléges d'arrondissemens ci-dessus nommés, en vertu de l'ordonnance royale du ...., et conformément à la Charte constitutionnelle et aux lois sur les élections des...., et se trouvant actuellement à Paris;

» Se regardent comme absolument obligés, par leurs devoirs et leur honneur, de protester contre les mesures que les conseillers de la couronne ont fait naguère prévaloir pour le renversement du système légal des élections et la ruine de la liberté de la presse.

» Lesdites mesures, contenues dans les ordonnances du.... sont, aux yeux des soussignés, directement contraires aux droits constitutionnels de la Chambre des pairs, au droit

5

public des Français, aux attributions et aux arrêts des tribunaux , et propres à jeter l'état dans une confusion qui compromet également la paix du présent et la sécurité de l'avenir.

» En conséquence, les soussignés, inviolablement fidèles à leur serment, protestent d'un commun accord, non-seulement contre lesdites mesures, mais contre tous les actes qui en pourraient être la conséquence.

» Et attendu, d'une part, que la Chambre des députés n'ayant pas été constituée, n'a pu être légalement dissoute; d'autre part, que la tentative de former une autre Chambre des Députés, d'après un mode nouveau et arbitraire, est en contradiction formelle avec la Charte constitutionnelle et les droits acquis des électeurs: les soussignés déclarent qu'ils se considèrent toujours comme légalement élus à la députation par les colléges d'arrondissement et de département dont ils ont obtenu les suffrages, et comme ne pouvant être remplacés qu'en vertu d'élections faites selon les principes et les formes voulues par les lois.

» Et si les soussignés n'exercent pas effectivement les droits, et ne s'acquittent pas de tous les devoirs qu'ils tiennent de leur élection légale, c'est qu'ils en sont empêchés par une violence matérielle. »

Au nombre des députés signataires de cette protestation, on remarquait :

MM.

Labbey de Pompières, Sébastiani, Méchin, Casimir Périer, Guizot, Audry de Puyraveau, André Gallot, Gaëtan de Larochefoucauld, Mauguin, Bernard, Voisin de Gartempe, Froidefond de Bellisle, Villemain, Firmin Didot, Daunou, Persil, Villemot, Delariboissière, Comte de Bondy, Duris Dufresne, Girod de l'Ain, Laisné de Villevêque, Benjamin Delessert, Marschal, Nau de Champlouis, comte de Lobau, baron Louis, Millaux, comte d'Estourmel, comte de Montguyon, Levaillant, Tronchon, le général Gérard, Jacques Lafitte, Garcias, Dugas-Montbel, Camille Périer, Vassal, Alexandre Delaborde, Jacques Lefebvre, Mathieu Dumas, Eusèbe Salverte, De Poullemaire, Hernoux, Chardel, Bavoux, Charles Dupin, Hély d'Oissel, Eugène d'Harcourt, Baillot, le général Lafayette, Georges Lafayette, Jouvencel, Bertin de Vaux, comte de Lameth, Bérard, Duchaffault, Auguste

Saint-Aignan , Kératry , Ternaux , Jacques Odier , Benjamin Constant.

Plus tard d'autres députés approuvèrent aussi cette protestation.

Les mandataires du peuple réunis chez M. Lafitte, désirant arrêter l'effusion du sang, envoyèrent une députation au château des Tuileries, où les ministres se consultaient avec Marmont. M. Lafitte représenta vivement l'état déplorable de la capitale, et rendit le maréchal personnellement responsable, au nom des députés de la France, des fatales conséquences d'un si triste événement.

Raguse répondit: «L'honneur militaire est l'obéissance.

» —Et l'honneur civil, reprit M. Lafitte, c'est de ne point égorger les citoyens. »

Alors Raguse dit: « Mais, Messieurs, quelles sont les conditions que vous proposez?

» — Nous croyons pouvoir répondre, dirent les députés, que tout rentrera dans l'ordre aux conditions suivantes : le rapport des ordonnances du 26 juillet, le renvoi des ministres et la convocation des Chambres le 3 août.

» — Comme citoyen, répliqua Raguse, je puis ne pas désapprouver, partager même les opinions de MM. les députés; mais comme militaire, j'ai des ordres et dois les éxécuter. Au surplus, si vous voulez, Messieurs, en conférer avec M. de Polignac; il est ici, je vais lui demander s'il peut vous recevoir. »

Raguse sort, et rentrant un moment après la figure altérée, il déclare que Polignac vient de lui dire que les conditions proposées rendaient toute conférence inutile. « C'est donc la guerre civile ! » dit M. Lafitte. Raguse garde le silence et s'incline , les députés se retirent.

Cependant les noms des généraux Gérard, Pajol et Dubourg encouragèrent les citoyens; plusieurs officiers supérieurs avaient pris des commandemens, et la victoire se déclara bientôt en faveur de la liberté.

Voilà l'esquisse du mouvement général , mais elle ne peut donner une idée de la bravoure et de l'intrépidité des citoyens de Paris, de tous les traits d'héroïsme et d'humanité qui les honorent. Les troupes firent tous leurs efforts pour régulariser leurs opérations et livrer une bataille rangée ; mais elles furent harcelées continuellement par des partisans, par de petits corps voltigeant d'un point à un autre, et des milliers de combats partiels furent livrés dans tous les quartiers, dans toutes les rues. Essayons donc maintenant de réunir les faits détachés qui peuvent peindre l'enthousiasme de la population parisienne et faire connaître les noms de ceux qui se sont le plus distingués dans ces mémorables journées.

— Toutes les casernes de Paris furent attaquées, enlevées, et visitées par le peuple qui s'empara des armes et de la poudre qui s'y trouvaient, mais qui respecta les effets appartenant aux soldats ; celles des gendarmes et des Suisses souffrirent davantage.

— La caserne de gendarmerie de la rue du faubourg Saint-Martin fut défendue dans la nuit du 28 au 29 avec une grande opiniâtreté ; prise d'assaut par le peuple à onze heures du soir, tout le mobilier fut sorti dans la rue et alimenta un feu de joie, mais aucun effet ne fut détourné ; et le peuple porta si loin le scrupule, que de l'argenterie et de l'argent monnoyé furent aussi jetés dans le feu.

— Les gendarmes des chasses, rue de Vaugirard, capitulèrent et restèrent libres ; les chevaux ne furent point enlevés des écuries où ils étaient.

— A la caserne de la Pépinière la résistance fut vive et on commit des excès ; celle des Célestins, occupée par les cuirassiers qui avaient fait de terribles charges sur le peuple, souffrit aussi beaucoup de l'invasion des hommes armés.

— Au quartier du quai d'Orsay, les gardes du corps se sont refusés aux premières sommations ; mais sur l'invitation des officiers de la garde nationale, ils ont ouvert le quartier et leurs chambres. On y a trouvé 300 fusils et une grande quantité de cartouches. Tous les effets particuliers ont été respectés ; à tel point, qu'un individu ayant voulu s'emparer d'une épaulette, une acclamation unanime a sur-le-champ réprimé cette action. Il était facile de lire sur la figure des gardes du corps qu'ils étaient heureux d'être délivrés du malheur d'être mis aux prises avec les citoyens.

— Les jeunes citoyens du faubourg Saint-Germain, qui savaient que la caserne de Babylone renfermait 300 Suisses et deux pièces de canon, s'étaient donné rendez-vous sur la place de l'Odéon. C'est de cette place que, sous

la conduite de plusieurs élèves de l'école polytechnique , et ayant pour commandant en
chef un neveu de M. Benjamin Constant , ils
se sont dirigés vers la rue de Babylone. Aussitôt leur arrivée devant la caserne, sommation
a été faite aux Suisses d'en ouvrir les portes et
de se rendre. Sur leur refus, l'action s'est engagée ; et de part et d'autre le feu était d'une
extrême vivacité. La situation de la caserne ,
le parti pris par les Suisses de monter dans les
chambres et de tirer par les fenêtres, rendaient
l'attaque aussi périlleuse qu'elle était auda-
cieuse. Les jeunes gens perdaient beaucoup de
monde, et faisaient peu de mal à leurs adversaires ; mais des sapeurs-pompiers s'étant joints
aux assaillans , ils sont parvenus à couronner
les toits de toutes les maisons voisines , et à
faire taire le feu de la caserne , que battait en
même temps une pièce de canon en fer prise
le matin , et que, faute de meilleurs projec-
tiles , les jeunes canonniers chargeaient avec
des briques.

Les Suisses ont enfin pris la fuite ; la plus
grande partie s'est dirigée sur le boulevard en
suivant la rue de Babylone. Les assaillans sont
entrés dans la caserne , baïonnette en avant ,

et s'y sont emparés des deux pièces de canon et des soldats qui n'avaient pas eu le temps de s'échapper et qui continuaient à se défendre ; on s'est contenté de désarmer la plupart de ceux qui venaient d'être pris de vive force et les armes à la main ; plusieurs n'ont pas échappé à la juste fureur des victorieux, car quoique la résistance fût sans espoir, elle avait été longue et meurtrière. Cette première chaleur passée, le caractère français a repris son généreux empire, et les blessés des deux parts ont été recueillis et pansés avec le même empressement et les mêmes soins : les uns et les autres ont été transportés à l'hospice de la rue de Sèvres.

Après sa victoire, la jeune troupe s'est retirée traînant pour trophée l'artillerie dont elle venait de s'emparer et les habits des vaincus. Revenue sur la place de l'Odéon, elle y a fait halte, et les chefs ont distribué des fragmens de ces habits à titre de récompense pour ceux qui s'étaient le plus distingués pendant l'action.

Les habitans de la rue de Sèvres ont apporté en grande abondance du pain et du vin à la jeune troupe ; mais d'un accord unanime tous ont demandé que le vin fût mêlé d'eau. C'était le courage éclairé, le courage qui, loin de chercher à s'aveugler sur le péril, veut à chaque instant en mesurer l'étendue, le courage civique qui présidait à toutes les actions de la résistance. Il ne régnait qu'une ivresse, c'était celle que donne l'ardent, le pur amour de la patrie.

Plusieurs jeunes créoles des îles de France, Bourbon et de la Martinique, se sont particulièrement distingués dans cette attaque; on les a vus, sous le commandement d'un élève de l'école polytechnique, soutenir pendant plusieurs heures le feu continuel des Suisses, et monter les premiers à l'assaut.

— Le 26 au soir et le 27 toute la journée, un grand nombre d'individus furent arrêtés et jetés dans les prisons; le peuple s'y porta le 28, et déclara aux geôliers qu'il ne venait pas délivrer les criminels, mais qu'il les sommait de lui rendre tous les hommes arrêtés la veille; les gardiens s'empressèrent d'obéir, et les dernières victimes de Mangin se joignirent à leurs libérateurs. Les femmes condamnées et enfermées aux Madelonnettes furent, on ne sait pas encore comment, rendues à la liberté.

— La foule se porta au Palais de Justice , et tous les emblêmes du gouvernement royal furent arrachés et jetés par les fenêtres et dans la rivière.

— Pendant la terrible attaque du Louvre et quand une fusillade des plus vives fut établie entre les Suisses et la garde nationale qui occupait la rive gauche de la Seine , on vit un ouvrier s'avancer presque jusqu'au milieu du pont des Arts , et de là tirer deux coups et abattre deux de ses adversaires ; il allait continuer quand il reçut une balle dans la cuisse : il a eu le courage de revenir sous le guichet des Quatre-Nations, d'où il a été transporté à la Charité.

— Un officier retraité et décoré dont on ignore le nom fut grièvement blessé à la jambe dans le même combat ; porté à califourchon sur les épaules d'un ouvrier , et soutenu de chaque côté par deux autres , ce brave se faisait remarquer par le calme et l'expression martiale de sa physionomie. C'est à la même affaire que M. Pierre Tardieu , l'un de nos graveurs les plus distingués et officier de la garde nationale, eut la cuisse percée d'une balle.

—Le mouvement sur le Louvre a été un des

plus glorieux pour les Parisiens. Dès dix heures du matin, les citoyens des quartiers Saint-Jacques, Saint-Germain, de l'Odéon, Sainte-Valère, du Gros-Caillou, animés depuis quatre heures par le tocsin de toutes les églises, les cris unanimes de *vive la Charte!* et la haine si juste qu'ils portaient aux ministres tombés, sont descendus en armes, sous la direction d'élèves de l'école polytechnique; leur masse comportait de cinq à six mille hommes. L'attaque commença par le jardin dit de l'Infante; la garde royale laissa s'approcher à une très-petite distance les premiers assaillans, et là le combat finit presque aussitôt qu'il était commencé, par la mort de tous ceux qui formaient les premiers rangs. Presqu'à l'instant de nouveaux assaillans se dévouèrent généreusement, et firent reculer les défenseurs de ce poste important. Au milieu d'un feu roulant qui continuait toujours, les grilles de fer furent brisées, et le poste fut enlevé avec une bravoure qui aurait fait honneur aux plus vieux soldats.

—Un jeune homme, vêtu d'une blouse bleue et armé d'un pistolet, s'est fait ouvrir la grille du Louvre par les Suisses; il se nomme Garaud, sculpteur, âgé de 22 ans, natif de Dijon. C'est lui qui a fait, en 1828, la sculpture de la maison égyptienne, place et passage du Caire. Lorsque le général Lafayette a eu connaissance de ce trait de courage, il a fait venir ce brave jeune homme, et l'a vivement pressé sur son cœur.

—Vis-à-vis le pavillon de Flore, les agresseurs furent arrêtés par l'indignation d'un fait récent: on avait tiré du château, dès sept heures du matin, sur un grand rassemblement de femmes, dont plusieurs payèrent de leur vie l'imprudente curiosité qui les avait attirées sur le pont Royal. Les coups de fusil partaient sans interruption des appartemens de la duchesse d'Angoulême. Aussi, dès que ce pavillon fut pris, les meubles furent jetés par les fenêtres, ainsi que des milliers de papiers, parmi lesquels étaient de nombreuses proclamations adressées aux troupes pour les exciter contre le peuple.

— Après la retraite de l'armée royale, les factionnaires du jardin et de la rue de Rivoli étaient restés à leur poste; ils furent invités avec douceur à se retirer, et ces militaires reconnaissans se jetèrent avec cordialité dans les bras de leurs concitoyens.

—L'ordre le plus parfait succéda à la prise du château des Tuileries; aucun objet de valeur ne fut enlevé, quelques étoffes servirent à faire des drapeaux, des lambeaux de velours brodé d'or et venant du trône royal furent portés en triomphe ; le portrait du duc de Raguse, criblé et déchiré. Beaucoup de vin fut bu, mais rien ne fut volé; une police sévère existait parmi les vainqueurs. On remarqua surtout un ouvrier, placé en faction à la grille du côté de l'eau ; son costume annonçait la plus grande pénurie ; sa tête était couverte d'un chapeau d'officier-génér al qui lui donnait un air d'autorité; il fouillait les individus qui sortaient du jardin, pour s'assurer qu'ils n'emportaient rien, et on l'a vu châtier sévèrement un autre ouvrier qui avait voulu s'approprier une petite tasse de porcelaine.

— Les vases d'or de la chapelle des Tuileries ont été tous, sans exception, transportés à la Bourse.

—Dans la journée du 29, au moment où l'on changeait un poste au même château, les gardes relevés refusaient obstinément de sor—

tir jusqu'à ce qu'on les eût fouillés. Ces braves qui avaient fait des patrouilles dans le jardin et dans les appartemens des Tuileries, avaient cru s'apercevoir que l'un d'eux avait mis dans sa poche un objet que la nuit les avait empêché de reconnaître. Le capitaine du poste refusait de procéder à la recherche réclamée, quand le coupable, repentant, livra lui-même un petit écrit dont il s'était emparé : mais son repentir ne désarma pas ses camarades : ils le firent conduire à la préfecture de police, et la plupart des hommes de cette compagnie n'avaient que des chemises en lambeaux !

— Lorsque le château des Tuileries fut pris de vive force, Charles Gauthier apprenti, demeurant rue Saint-Avoie, n. 58, y pénétra un des premiers, et trouva, sous des meubles, des bijoux et des bracelets d'une grande valeur qu'il s'empressa de remettre à la mairie du septième arrondissement. Stéphanie Pillaud, ouvrière, a également déposé une robe brodée d'un grand prix.

— Pendant ce carnage ordonné par d'infâmes ministres, plusieurs officiers de la garde, rougissant de remplir le rôle de bourreaux du peuple, donnèrent leur démission. Parmi eux se distingue M. Raoul de Latour-du-Pin, qui adressa la lettre suivant à Polignac:

MONSEIGNEUR,

« Après une journée de massacre et de dé-
» sastre, entreprise contre toutes les lois divines
» et humaines, et à laquelle je n'ai pris part que
» par un respect humain que je me reproche,
» ma conscience me défend impérieusement de
» servir un moment de plus.

» J'ai donné dans ma vie d'assez nom-
» breuses preuves de dévouement au Roi pour
» qu'il me soit permis, sans que mes inten-
» tions puissent être calomniées, de distinguer
» ce qui émane de lui des atrocités qui se
» commettent en son nom. J'ai donc l'hon-
» neur de vous prier, Monseigneur, de mettre
» sous les yeux de S. M. ma démission de ca-
» pitaine de sa garde.

» J'ai l'honneur d'être, Monseigneur, de
» votre excellence, le très-humble et très-
» obéissant serviteur,

» *Signé* le comte RAOUL DE LATOUR-DU-PIN.

« 28 juillet 1830. »

— Le 5e régiment de ligne, poussé par des officiers supérieurs, tirailla pendant une heure contre des citoyens armés ; mais à la faiblesse de ses décharges et à la direction de ses coups, il était facile de voir qu'il ne tirait que malgré lui. Arrivé vis-à-vis la rue Richelieu, en face d'une forte barricade, formée des arbres du boulevard, et improvisée par l'ardeur patriotique de la population, il se trouva pressé de toutes parts par le peuple qui lui criait : *Vous, soldats français, tirer contre des Français !* Tout-à-coup les citoyens se précipitent au milieu de leurs pelotons, et, le fusil en joue, les exhortent à se réunir à eux en criant : *Vive la France ! vive la liberté !* Les officiers prêtèrent, entre les mains de M. Lafitte, serment de fidélité au gouvernement provisoire. Ensuite le régiment, tambour battant, entouré de peuple, baïonnettes dans le fourreau, et le bout du fusil orné de feuillages, se rend à l'Hôtel-de-Ville, où 30,000 hommes étaient rangés autour du général Lafayette, et s'associe de bon cœur aux dangers et à la gloire des braves habitans de Paris.

— Nous ne pouvons passer sous silence les services importans rendus à la cause nationale par M. Milbert, entrepreneur de charpente, boulevart Mont-Parnasse, qui s'est distingué dans la journée du jeudi au Louvre, tant en combattant qu'en préservant le Musée égyptien de la dévastation. Honneur à ce brave citoyen !

— Un soldat de la garde royale, frappé d'une balle, s'écrie en tombant : *J'étais pourtant un bon Français....*

— Un autre, se trouvant dans une position avancée, fut énergiquement harangué par un citoyen qui lui reprochait de tirer sur le peuple. *On nous y force*, répond le militaire, *au nom du ciel retirez vous. Tenez, voilà de l'argent que j'ai reçu pour vous combattre; eh bien ! je vous le donne pour que vous vous retiriez hors de portée de nos fusils.*

— Un fait caractéristique de cette belle révolution est d'avoir vu la Banque de France gardée par ces hommes que l'on redoutait il y a quarante ans.

— La vaisselle d'or et d'argent trouvée à l'Archevêché, fut jetée dans la Seine; M. Bavoux, préfet de police, la fit retirer deux jours après.

— Un citoyen trouve chez la duchesse de Berry une cassette damasquinée en or et pleine d'or; il la porte lui même à l'Hôtel-de-ville, où le précieux fardeau a été déposé.

— A l'attaque du Louvre, un jeune homme de dix-huit ans, nommé Charles Bourgeois, ouvrier serrurier, né à Rocroy (Ardennes), est monté le premier, armé de pistolets non chargés (il manquait de poudre), et a été planter le drapeau sur la colonnade. Bourgeois, poursuivi par cinq Suisses, a reçu plusieurs coups de baïonnette, qui l'ont mis hors d'état de travailler. Bourgeois nous dit, comme ce soldat d'Alger : *Accordez-moi une ligne dans le journal; que mon père lise mon nom imprimé; voilà tout.* Accordons cette ligne au brave Bourgeois !

— On a trouvé, dans les poches d'un grand nombre de soldats tués, une somme assez considérable d'argent. Les citoyens même les plus pauvres n'y touchaient point et ne s'emparaient que des cartouches.

— Un jeune homme tombe dans la rue du Jour, frappé par une balle des Suisses qui occupaient la rue Montmartre; le malheureux lutte, en plein soleil, contre la douleur et la mort, et les citoyens embusqués dans les allées de la rue du Jour s'occupent plus à combattre qu'à secourir leur frère. Malgré les balles qui sifflent de toutes parts, une femme sort d'une maison, prend le jeune homme dans ses bras et l'emporte chez elle.

— L'enthousiasme était si vif parmi les habitans qu'on saluait respecteusement les dépouilles des malheureux morts en combattant pour la patrie.

— Le nommé Benoît, cocher de cabriolet, sans autres armes qu'un sabre, s'est jeté le premier sur une pièce de canon qu'on venait de tirer dans la rue Richelieu. Ce brave, qui n'a pas même reçu une égratignure, a été amené, jusque sur la place de la Bourse, à cheval sur la pièce qu'il avait prise, et aux acclamations de tous ses compagnons d'armes.

— Un ouvrier travaillait rue du faubourg Montmartre par un soleil brûlant : « Venez » vous rafraîchir, mon brave, lui dit le doc- » teur Sammel, qui avait établi une ambu- » lance sous sa porte. — Non, Monsieur, ré- » pond l'ouvrier, mon frère a été tué hier sous » les piliers des Halles, et j'ai juré de ne » manger que du pain et de ne boire que de » l'eau jusqu'à ce que je l'aie vengé. »

— Rue Saint-Denis, plusieurs commis marchands s'étaient armés et se préparaient au combat; le plus jeune d'entre eux, presque enfant, avait chargé un pistolet; il sort au moment où un peloton de lanciers arrivait; il ajuste l'officier et le tue; on ouvre précipitamment la porte pour faire rentrer le jeune brave; quelques lanciers le suivent et tombent atteints par les balles des autres commis.

— Un enfant de quinze ans s'est avancé, au milieu des feux de mitraille et de mousqueterie, jusqu'auprès d'un des officiers commandant la cavalerie qui appuyait les canons, et d'un coup de pistolet il lui a cassé la tête. Aussitôt une décharge a été faite sur lui, mais l'enfant ayant prévu ce qui arriverait, s'était jeté à plat ventre, et, s'étant ensuite relevé, il s'est échappé sain et sauf. S'apercevant alors que sa casquette était restée sur la place, il y retourne sans hésitation, et revient de nouveau sans avoir été atteint.

— Un garçon brasseur, nommé Richard, et Dubois, ancien maréchal-des-logis, se sont battus le 31 juillet, entre Sèvres et Versailles, contre vingt cuirassiers de la garde royale; ils ont démonté deux soldats et sont revenus sur leurs chevaux à Paris.

— Dans l'affaire du 28 juillet, au moment où la résistance n'était pas encore bien organisée, sur la place de l'Hôtel-de-Ville, un jeune homme, qui portait un étendard au bout d'une lance, croyant remarquer un peu d'hésitation parmi les troupes parisiennes, s'avance à dix pas de la garde royale en disant à ses camarades : *Je vais vous montrer comment on sait mourir.* Il tombe à l'instant même percé de plusieurs balles.

— Un nommé Jules, domestique, a sauvé, dans la rue Neuve Saint-Augustin, un soldat de la garde royale qui était en danger d'être massacré. Ce brave homme qui avait courageusement combattu les gardes royaux quand ils étaient en nombre et armés, s'est précipité vers le soldat qui était seul, en s'écriant : *C'est mon frère, ne lui faites pas de mal.*

— Un ouvrier dont la mise annonçait peu d'aisance, et qui, dans la journée de mercredi, avait coopéré depuis cinq heures du matin à l'enlèvement de plusieurs postes, n'avait encore rien pris à trois heures du soir. Un jeune homme lui offre cinq francs, mais l'ouvrier répond : *Je ne me suis pas battu pour de l'argent, Monsieur, mais j'accepte dix sous.*

— On a vu des patriotes, dans la rue Saint-Honoré , laver religieusement le sang français dont le pavé était inondé ; ils se disaient les uns aux autres : *Il ne faut pas qu'il soit foulé aux pieds.*

— Une jeune fille a montré la bravoure d'un héros, à la place de la Bourse ; elle a bravé la grêle des balles royales, pour s'emparer d'une pièce de canon et donner l'exemple du courage. Conduite à l'Hôtel-de-Ville, elle a été placée sur un fauteuil et portée en triomphe, couverte de laurier, au milieu de l'enthousiasme que produisait le récit de cette belle action.

— A la prise de la caserne de Babylone, **on** remarquait au premier rang un tout jeune homme se faisant distinguer par son intrépidité. Au retour, épuisé de fatigue, il tombe sur la place des Petits-Pères ; on lui porte secours : c'était une femme.

— Une autre jeune femme, habillée en homme, portait sur la place du Palais-Royal les secours les plus empressés aux blessés ; un coup de baïonnette n'a pu ralentir son zèle.

— Des enfans précédaient sur divers points les groupes d'hommes armés en battant la

charge , malgré le feu roulant de la mousqueterie.

— On vit rue Montmartre, près du boulevard,
des ouvriers conduits par un de leurs camarades , devenu leur chef par l'autorité que
donnent l'âge et la raison. Au bout de leurs armes étaient enfilés des pains et quelques vo-
lailles, dont la distribution leur avait été faite
régulièrement ; plusieurs hommes de ce corps
se trouvant vis-à-vis la boutique d'un marchand de vin, se détachèrent pour y entrer :
mais bientôt à la voix de leur chef , ils sont revenus dans les rangs : *Aujourd'hui*, leur a-t-il
dit, *pas d'eau-de-vie, pas méme de vin sans
eau , au corps-de-garde les ivrognes !* et tous
ces braves gens de s'écrier : *Il a raison !* et de
continuer leur route, prêts à affronter la mort
sans autre stimulant que le généreux, que l'ardent amour du pays et de la liberté.

— Quelqu'un dit à un vétéran : *Vous avez
donc rendu vos armes?* — *Rendu mes armes !*
dit le vieux brave , *je les préte ; mais je ne
les rends pas.*

— Rue Saint-Honoré , un jeune citoyen
de vingt-deux ans est allé prendre , au milieu
des balles et de la mitraille , un officier supé-

rieur à la tête de son régiment; il l'a désarmé
en entier sur la place même, et ne l'a ramené
au milieu du peuple qu'entièrement privé de
ses armes et de ses vêtemens.

— Au coin de la rue de Valois-Batave, où
un combat d'une heure avait eu lieu, un ouvrier veut monter le premier dans la maison
du magasin de *Jeanne d'Arc*, où les Suisses
étaient entrés de vive force. Il en sort le premier en tenant dans ses bras deux soldats
blessés, et menaçant tous ceux qui oseraient
faire feu sur eux. Ces deux blessés, ainsi que
plusieurs autres, ont été transportés à l'hôtel
de Périgord, où tous les soins leur ont été pro-
digués.

— Rue Sainte-Appoline, au coin de la rue
Saint-Martin, un brave citoyen de Paris, qui
était resté sur le boulevard, a tiré sur les
gardes royaux depuis cinq heures jusqu'à
huit. Chaque coup de fusil en faisait descendre un; ils ont été forcés d'abandonner leur
poste.

— Un jeune séminariste de la rue des Postes
a quitté ses habits ecclésiastiques pour prendre
les armes et combattre pour la cause de la
liberté. C'est lui qui a intercepté le courrier

qu'on avait expédié à la duchesse d'Angou-
lème.

— Les Israélites se sont fait honorablement
remarquer dans les derniers événemens.
Quelques-uns ont succombé dans cette lutte
glorieuse. M. Michel Goudchaux, banquier,
qui a contribué à la prise de plusieurs postes
importans, vient d'être nommé adjoint du
maire du 6ᵉ arrondissement.

— Un peintre en bâtimens, le sieur Charles
Nicot, demeurant rue Montmartre, à la journée du 28, voyant les Suisses s'avancer vers
le boulevard, saisit son fusil, et, placé à
l'entresol, fait tomber trois Suisses sous ses
coups, et succombe bientôt après frappé de
cinq balles. Il laisse une femme et deux enfans
en bas âge.

— On cite l'adresse, funeste aux soldats de
la garde, de M. Bernard Trefous, qui placé en
tirailleur depuis cinq heures jusqu'à huit près
du boulevard Saint-Denis, n'a pas tiré un seul
coup qui n'ait fait tomber un des aveugles ou
malheureux instrumens du despotisme.

— Alexandre Lefebvre, qui commandait
le poste établi dans la rue des Martyrs, a
reconnu sous des habits masculins une jeune

dame armée d'une épée et de pistolets. En vain on lui exposait le danger qu'elle allait courir. *Je n'ai point d'enfant*, disait-elle. *Voici mon mari dont je partage tous les sentimens, je suis auprès de lui, et je mourrai avec lui s'il le faut.*

— Le jeune Fayolle, fils du libraire demeurant rue du Rempart, s'est emparé le 30 juillet d'un homme à cheval armé d'un fusil, et porteur de dépêches de la cour.

— Un citoyen de Paris disait, en déposant son fusil : *Le 14 juillet a été un bien beau jour; mais le 28 en vaut deux.*

— La commune de Clichy-la-Garenne, qui se trouvait dépourvue d'armes dans la crise nationale, a fait fabriquer en six heures de temps 73 piques, qui ont coûté 129 fr. Le prix en a été acquitté à l'instant et remboursé par une collecte qui a produit 116 fr. de plus. Cet excédant a été distribué le même soir aux habitans à qui la suspension de leurs travaux rendait ce secours utile.

— Les deux fils de M. Tophin serrurier ont montré une intrépidité extrordinaire; l'un d'eux a planté le drapeau national sur le pont d'Arcole, a tué un officier de gendarmerie et s'est emparé de ses épaulettes. Ils ont aussi pris une pièce de canon.

— Depuis le moment où les citoyens se sont emparés du Louvre, un jeune homme qui accompagnait les assaillans a fait preuve d'une force de caractère et d'un dévouement au-dessus de tout éloge.

Cet enfant (car il ne paraît pas être âgé de plus de treize ans) avait été chargé par M. Ch. Ledru, avocat, commandant en chef le poste du Louvre, de diriger cent cinquante hommes environ.

Ces braves citoyens, tous ouvriers et armés pour la plupart de piques, se soumettaient à ses ordres avec la docilité la plus parfaite. Le jeune écolier n'a pas voulu quitter un seul instant la faction pendant deux jours et deux nuits. Il se nomme Boussage : c'est un élève de l'école préparatoire de M. Barbet.

— Un employé du jardin de Tivoli, n'ayant pu se procurer aucune arme, se trouvait le 28 sur les boulevards au moment où défilait une troupe de lanciers. L'encombrement des arbres arrêta leur marche ; lorsque le dernier lancier s'apprêtait à suivre ses camarades, notre jeune Parisien se glisse à travers les feuillages qui le cachaient et coupe avec son couteau la selle du cheval; le lancier chancelle et tombe; le cheval et le militaire sont restés au pouvoir de ce jeune homme, qui n'a reçu qu'un faible coup de sabre dans le dos.

— Une des belles actions que nous aimons à rapporter est celle-ci: le 29, dans le plus fort de la fusillade des Suisses, au château du Louvre, plusieurs gardes nationaux et autres, vis-à-vis la grande porte de la rue du Coq, avançaient et reculaient aux décharges des Suisses. Un chef de bataillon de l'ancienne armée, Piémontais naturalisé français, âgé de plus de 60 ans, cheveux blancs, avec un pistolet à la main, animait de la voix nos braves défenseurs et leur disait: « Courage, » courage, mes amis! n'ayez pas peur; les » balles des soldats suisses ne peuvent attein- » dre un cœur français, et ne doivent pas » affaiblir votre bravoure connue de toute » l'Europe; courage, marchons à la vic- » toire...! »

— Pendant la journée à jamais mémorable du mercredi 28, lorsque, vers trois heures, le feu le plus soutenu, partant du quai de la Grève, battait le quai opposé depuis l'horloge jusqu'au petit pont de l'Ile Saint-Louis, une vingtaine de jeunes gens, protégés par le parapet, occupaient et défendaient la tête du pont suspendu de la place de Grève. De derrière ce rempart, ils faisaient une fusillade nourrie et tuaient beaucoup de Suisses. Ceux-ci, fatigués par des ennemis aussi redoutables, veulent les débusquer de la position. Au nombre de quinze ou vingt, ils s'avancent sur le pont; à l'instant les intrépides citoyens se présentent comme de vieux soldats... Leur feu part, trois Suisses tombent; effrayés, les autres se retirent... Aussitôt un des plus jeunes combattans s'élance sur le pont..... Il court au milieu des balles dirigées sur lui, il arrive aux trois soldats étendus morts, il s'empare de leurs fusils, de leurs cartouches et revient au milieu de ses frères d'armes, en leur criant: *Amis! voici des armes et des balles!*.. et l'inscription *pont d'Arcole* fut aussitôt placée sur la porte du milieu.

— Un ex-gendarme à pied, ayant revêtu un uniforme national dans la journée du 28, a combattu pendant six heures auprès de la porte Saint-Martin et a fait tomber onze gardes royaux. De là il s'est porté rue de

Richelieu et aux Tuileries, où il a encore combattu avec la même vigueur. Lorsqu'on lui offrit du vin et de l'eau-de-vie, il refusa en disant: *Le vrai Français se bat à jeun, il en a plus de calme et de sang-froid.* Ce brave n'est rentré à la maison, rue du Verbois, que lorsque tout a été terminé, n'ayant reçu qu'une légère blessure.

— Celui qui a arboré le premier le drapeau tricolore sur les tours Saint-Germain-l'Auxerrois, est un ancien trompette aux chasseurs de la garde royale. Il a été blessé à la main.

— Parmi les citoyens qui ont payé leur dette à la patrie, on cite M. Lebon, horloger, rue Saint-Martin, qui est mort en demandant ses parens et en faisant des vœux pour le triomphe de la cause nationale. Son frère a été blessé pour la même cause.

— Les enfans et les femmes du faubourg Saint-Jacques ont dépavé eux-mêmes, en l'absence de leurs pères ou de leurs maris, les différentes rues de ce quartier. Ils engageaient ces derniers à aller combattre pour faire triompher la cause de la patrie.

— Parmi les braves dont le courage malheureux est un titre de plus à l'admiration et à la reconnaissance de leurs concitoyens, on doit citer le sieur Sebire Céleste de Lille, qui, à peine arrivé à Paris, s'est précipité à la défense de la liberté et de la patrie. Cet infortuné, percé d'une balle qui lui a fracassé les jambes, a été transporté sans connaissance à l'hospice Dubois, où il a déjà subi une amputation.

— Le nommé Petit-Jean, rue de l'Echiquier, n° 30, arbora sur les tours Notre-Dame le premier drapeau tricolore, qu'il portait depuis le matin en écharpe. Il avait d'abord rallié sous ses ordres une petite troupe de vaillans citoyens, et le tocsin qu'il fit sonner la grossit en quelques instans jusqu'à près de 300 hommes, auxquels il fit encore distribuer cinq cents cartouches. A la tête de cette petite armée, qu'il harangua avec toute l'éloquence du patriotisme, ce chef intrépide s'est porté sur tous les points où le combat était le plus acharné, notamment à la Grève et sur les quais, où la garde royale faisait un feu roulant. Il a eu, à la vérité, la douleur de perdre plusieurs de ses courageux amis; mais, par sa résistance opiniâtre, il a puissamment contribué au succès de la cause nationale, dans la sanglante journée du 28. Voilà la justice que se plaisent à lui rendre les citoyens qui ont partagé sa gloire et ses dangers.

— Dans la même rue, quelques individus entrés dans la maison de *Jeanne - d'Arc* jetaient par les croisées des plats d'argent ; aussitôt les braves ouvriers qui se trouvaient là se sont empressés de les ramasser et de les porter dans une maison voisine.

— Un faubourien se prend de querelle avec un garde national, et se porte à des voies de fait. *Pour votre punition, vous allez être désarmé*, lui crie-t-on de toutes parts. *Non*, dit-il, *j'aime mieux être fusillé*, et il se met à geno x. On lui a, bien entendu, laissé la vie et ses armes.

— A la porte Saint-Denis, le 28, un jeune homme de quinze à seize ans, s'étant avancé jusqu'auprès d'un officier commandant la cavalerie qui appuyait les canons, lui dit : *Crie vive la Charte !* Celui-ci ne fait d'abord aucune attention à la sommation, elle est énergiquement répétée ; alors l'officier commande à l'enfant de s'éloigner ; mais loin d'obéir, il arme un pistolet qu'il tenait à la main, et casse la tête du militaire. Aussitôt une décharge générale est faite sur lui ; mais ayant prévu ce qui

7

arriverait , il s'était jeté à plat ventre , et se relevant ensuite , il s'échappa sain et sauf. S'apercevant alors que sa casquette était restée sur la place , il y retourne sans hésitation , et revient de nouveau sans avoir été atteint.

— Un Israélite , Lévi Abraham , demeurant rue des Vieilles-Etuves Saint-Martin , n° 9 , armé d'une lance prise à l'ennemi , s'élance un des premiers dans le Louvre , arrache un lambeau du drapeau des Suisses , et montre durant toute l'affaire la plus grande intrépidité. Après le combat il va déposer sa lance à la mairie du septième arrondissement ; là , des secours lui sont offerts , il les refuse d'abord en disant qu'il ne s'était pas battu pour avoir de l'argent. Pressé d'accepter dix francs , il consent enfin à les prendre , en ajoutant : « Puisque vous voulez absolument que je les accepte , je les prends , mais sous la condition que je vous les remettrai à l'instant à vous-même , pour que vous en disposiez en faveur des orphelins. »

— Un jeune enfant , demeurant rue Mazarine , emportait un débris venant de l'Archevêché ; un homme armé d'un pistolet lui crie : « Comment ! misérable , tu as pillé les meubles de Monseigneur , » et lui lâche le coup à bout por-

tant. Cet homme arrêté sur-le-champ est fusillé sur le pont Marie et son corps jeté dans la
Seine.

— Le sieur Pierron, ex-sous-officier de
l'ancien 5e régiment de hussards, natif de
Verdun (Meuse), courtier en vins, rue Saint-
Antoine, n° 44, a attaqué, à la tête d'une
quinzaine de citoyens, un bataillon du 1er régiment de la garde royale, et fait mettre bas
les armes à une compagnie dont le capitaine
lui a rendu son épée. Un général de la garde,
s'apercevant de ce mouvement, s'avance, ordonne au reste du bataillon de faire feu sur le
peuple, fait saisir le sieur Pierron, et commande de le fusiller à l'instant même. Les citoyens font alors une décharge, et délivrent
l'ex-sous-officier. Ce trait est attesté par
M. Louis Roland, marchand de vins, rue
Geoffroy-l'Asnier, n. 27, et M. Baudoux,
commissionnaire de roulage, rue Saint-Antoine, n. 27.

— Honorable victime de son dévouement
aux lois et aux pays, M. Jenneson a été tué à
l'attaque de la rue Saint-Nicaise; son corps a
été porté par ses compagnons de périls et
de gloire au cimetière Montmartre. Notre cé-

lèbre Charlet marchait en tête du convoi. Arrivé au bord de la fosse, M. Gabriel, auteur dramatique, a improvisé le discours suivant : « Brave garde national, tu es mort en repoussant une indigne agression : que ton sort est à envier et qu'en même temps il est à plaindre! Tu ne seras pas témoin du bonheur dont nous allons jouir sous l'égide d'une sage liberté! Reçois en ce moment le dernier tribut de notre reconnaissance ; tes frères viennent t'accompagner au champ d'éternel repos et verser des larmes sur ta cendre. Adieu, adieu, digne enfant de notre chère patrie! *Vive la France!* »

— Le docteur Pierquin s'est battu à la Porte-Saint-Denis, où il est arrivé des premiers; après avoir tiré les cinq cartouches qu'il possédait, sur les lanciers et leur commandant, il s'est livré avec zèle au pansement des blessés. Dès le 26 au soir, le docteur Pierquin, nommé médecin en chef de la 2ᵉ légion de la garde nationale, par M. Delaborde, a établi une ambulance au Manége.

— Dans la journée du 29 juillet, les sieurs Caillon, cocher de cabriolet, rue des Maures, n. 28; Henri Saint-Léger, employé, rue du

Jour, n. 3 , avec six autres braves, ont pris de vive force près la place du Palais-Royal et sous le feu de la mousqueterie des Suisses et de la garde royale, une pièce de canon de huit (garde royale.) Cette action courageuse a coûté la vie à trente-cinq des nôtres.

—M. Pérard, militaire de l'ancienne armée, a arboré le drapeau tricolore sur le pont de Sèvres au milieu des feux de mousqueterie et des charges de lanciers, et s'est ensuite emparé d'un drapeau appartenant aux Suisses de la garde; il est venu à la Ville et l'a remis au général Lafayette qui l'a embrassé.

— Le 29, au matin, on vit dans la rue du faubourg Saint-Denis, un chasseur de la garde nationale, en uniforme et en armes, pressant sa femme entre ses bras. Cette femme, très-jeune et paraissant être mère depuis peu de temps, versait quelques larmes; mais bientôt élevant sa voix et serrant fortement la main de son mari : *Je ne pleure plus*, lui dit-elle ; *c'était une première émotion ; je t'ai embrassé, je suis contente : va maintenant joindre tes frères et combattre avec eux pour la liberté.*

— La place de l'Hotel-de-Ville et les rues environnantes furent le théâtre d'une foule de traits de bravoure et d'actions héroïques. Des femmes s'y emparèrent des fusils du poste et firent feu sur la garde royale; l'une d'elles voit son mari tomber mort : *Mes amis, je suis bien malheureuse, j'ai tout perdu; maintenant, je vous demande une grâce, cet homme-là est mon mari, prenez garde de le fouler, il est mort en brave et je veux qu'on lui rende les honneurs!*.....

—En cherchant des armes dans les armoires du château des Tuileries, un homme du peuple trouva l'épée de Charlemagne, et voulut s'en emparer pour s'en servir comme d'un sabre ordinaire; mais sur les représentations de ses camarades, il rendit cette arme, qui fut déposée à l'Hôtel-de-Ville.

— Des pantalons neufs sont trouvés dans une caserne de gendarmerie; quelques personnes passèrent ces pantalons pardessus ceux qu'elles portaient; ils furent aussitôt arrachés et déchirés par leurs camarades : *Nous avons battu ces gens-là, il ne faut rien leur prendre pour nous; au feu! au feu!*

—A la Bourse, deux homme de la classe ouvrière étaient préposés à la garde de quelques Suisses prisonniers auxquels on avait accordé la vie. *Nous n'avons pas mangé depuis douze heures*, disent ces deux fac-tionnaires. Aussitôt M. Darmaing, rédacteur en chef de la Gazette des Tribunaux, qui se trouvait là , leur présente une pièce de 5 fr. en leur disant : *Mes amis, allez manger, je prends votre place, et j'y resterai jusqu'à votre retour.* Ils semblent hésiter. *Prenez donc,* ajoute le rédacteur ; *dans un moment comme celui-ci, celui qui en a donne à celui qui n'en a pas.* Les ouvriers acceptent alors , reviennent un quart-d'heure après, et rapportent cin-quante-cinq sous, qu'ils rendent à leur rem-plaçant, en le remerciant.

—Un élève de l'Ecole Polytechnique courut au milieu des balles se placer sur un piédestal près de la grille latérale gauche du Louvre, sous la colonnade; de là , par son exemple, il engageait ses compagnons à avancer sur la grille qui fut bientôt forcée. Ce brave fut em-porté grièvement blessé. Un jeune garçon de quatorze à seize ans portait le drapeau natio-nal et l'arbora le premier sur le Louvre.

— Dans la journée du 27, M. Lepage, ar-quebusier rue de Richelieu , vis-à-vis le Théâ-tre Français , s'opposa à l'enlèvement des armes antiques et précieuses que contenaient ses magasins; il voulut faire lui-même, avec ses ouvriers, une distribution régulière de tout ce qui pouvait servir à la défense personnelle des patriotes.

Pendant les trois jours, M. Lepage n'a cessé de distribuer des armes et des munitions de toute espèce; il s'était pourvu de cent vingt livres de poudre.

Depuis le mardi, une fonte continuelle de balles de tous calibres a eu lieu chez lui; on en a distribué à toute heure; il était assisté de son père, vieillard de quatre-vingt-cinq ans, et ne conserva que son fusil national.

— Pendant que les Suisses embusqués dans les maisons de la rue Saint-Honoré faisaient un feu roulant dans les rues de Richelieu, on vit les dames de la maison de M. Lepage sortir dans la rue et distribuer de la poudre et du plomb aux braves citoyens qui combattaient à découvert au milieu des balles.

— De pauvres ouvriers, après avoir forcé les portes d'un armurier qui déjà avait livré sa poudre et ses armes, en cherchaient de toutes les dimensions, et jusque dans les tiroirs des meubles : dans un de ces tiroirs ils aperçurent de l'argent et un billet ; le refermant aussitôt, l'un d'eux dit : *Ce n'est pas là ce que nous cherchons.*

— Un jeune homme, dont la mise annonçait l'opulence, cherchait et demandait partout des armes ; il rencontre un pauvre diable tout déguenillé qui portait un fusil, lui offre d'acheter cette arme, et éprouve un refus. *Je vous en donne cent francs. — Non, Monsieur, il a déjà jeté deux ennemis par terre, il en couchera encore ; c'est mon bon ami, je le garde.*

— Au moment où l'on se disposait à arborer le drapeau national sur la Chambre des députés, un ouvrier harangua ses camarades, et leur montrant la statue de la Justice : « C'est dans sa main qu'il faut le placer, c'est là sa place ; *vive l'égalité !* non pas celle de la fortune, ce n'est pas possible ; mais l'égalité devant la loi, la liberté pour tous, voilà ce que nous voulons. »

— Un bourgeois aborde un homme du peuple qui venait du combat dans tout le désordre de la circonstance et auquel ajoutait sa pauvreté. *Salut, mon brave !* lui dit-il, *c'est bien ! le peuple a fait son devoir ! — Oui,* répond le brave , *le peuple s'est bien battu , et n'a pas même pris pour boire.*

— Pendant que la population armée brisait les réverbères par mesure de précaution, un homme allait abattre la lanterne placée près de l'hôtel de M. Pastoret ; quelqu'un dit : *Laissez celle-ci, c'est une maison où l'on donne du pain au pauvre tout l'hiver ;* et la lanterne fut respectée.

—La garde royale, vivement repoussée, avait abandonné une pièce de canon ; mais il y avait du danger à s'en approcher à cause de la fusillade. Un élève de l'École Polytechnique, qui était à la tête des agresseurs , court sur la pièce qu'il retient de ses deux bras. *Elle est à nous , dit-il , je mourrai dessus plutôt que de la rendre.* On lui crie derrière : *Les braves nous sont chers , vous allez être tué, revenez à nous.* Le jeune homme n'écoute rien et tient la pièce encore plus embrassée, malgré une grêle de balles qui pleuvent autour de lui ; enfin la garde royale est forcée de reculer encore par le feu des citoyens, qui s'avancent alors sur le terrain , joignent la pièce et sauvent le brave qui s'en était emparé le premier.

— Les habitans du quartier du Palais-Royal

et les citoyens armés qui s'y trouvaient, se couvrirent d'honneur en contraignant la garde royale à demander une suspension d'armes, cinquante à soixante gendarmes à capituler, et en s'emparant de toutes les positions de la rue Saint-Honoré. C'est un commis de la marine qui traita de la suspension d'armes; seul, la casquette au bout du fusil, il s'est avancé intrépidement au devant du colonel de la garde, qui demandait quartier, et a bravé une décharge meurtrière pour venir annoncer cette nouvelle à ses concitoyens.

— Parmi les généreux défenseurs de la liberté on a remarqué M. le comte Lanjuinais. Ce jeune pair, digne du beau nom qu'il porte, était animé du plus brillant amour de la patrie.

— M. Rouvat engageait, dans la matinée du 29, les braves qui l'entouraient à s'emparer de l'église de Saint-Germain-l'Auxerrois, à sonner le tocsin et à occuper les tours et les galeries de cette église. Le feu qu'ils firent de cette position fit le plus grand mal aux Suisses retranchés avantageusement derrière les énormes colonnes du Louvre, et contribua à accélérer la prise de ce monument.

—M. Ambroise Menoret, chef d'atelier chez

M. Bellu, charpentier rue du Faubourg du Temple en face la caserne, se rendait le matin du 28 juillet au théâtre du Gymnase pour des travaux de reconstruction intérieure. Déjà témoin la veille des charges de cavalerie éxécutées sur les boulevards et indigné de la fusillade dont on entendait le bruit, il se met à la tête de quelques personnes réunies à la porte Saint-Denis, et s'élance sur le corps-de-garde Bonne-Nouvelle, dont il désarme le factionnaire. Vingt hommes environ de troupe de ligne composaient le poste qui se rendit facilement. Le chef seul fit quelque résistance. Un citoyen arrêté le matin dans un rassemblement fut mis en liberté.

M. A. Menoret, à la tête des ouvriers, se rendit alors à Belleville dont le maire arbora sans difficulté les couleurs nationales. On se transporta au théâtre : les armes furent livrées. On ne désarma pas le poste de la barrière parce que les soldats (du 5ᵉ de ligne) fraternisèrent dès ce moment avec les citoyens, crièrent *vive la Charte!* et jurèrent de ne point tirer sur le peuple.

Ce qui s'était passé le matin sur le boulevard Bonne-Nouvelle, le désarmement du poste et la démolition du corps-de-garde, qui s'en était suivie, avait attiré les troupes de ce côté. Le canon grondait, et la fusillade s'était vivement engagée avec les habitans des rues et des faubourgs Saint-Denis et Saint-Martin qui commençaient la plus glorieuse résistance. M. A. Menoret, pour empêcher la réunion des troupes qui débouchaient par la rue Saint-Antoine, avec celles qui occupaient les boulevards du nord jusqu'à la porte Saint-Martin, conçoit l'idée de former des barricades. Il descend alors rapidement la rue du faubourg du Temple, se munit à son atelier des outils nécessaires, et, suivi de quelques hommes, vient au bas du boulevard du Temple commencer l'abattage des arbres, qu'il continua jusque vers les six heures du soir. Des tirailleurs s'étant avancés de ce côté, un des travailleurs nommé Dauphiné fut tué en ce moment d'une balle qui lui fracassa la tête. M. A. Menoret, quittant alors la hache, s'avança jusqu'à la porte Saint-Martin et essaya de parlementer avec la garde royale postée en cet endroit ; mais ce fut inutilement, les têtes étaient montées : les soldats d'un côté, les bourgeois de l'autre se battaient avec acharnement, et déjà il n'y avait plus d'arrangement possible.

Pendant le reste de la soirée et toute la nuit suivante, M. A. Menoret s'occupa de la construction des barricades; son exemple fut imité. Les boulevards entièrement obstrués ne permirent plus aux troupes de tenir contre les nombreuses embuscades qui s'y étaient formées, et dès le matin du 29 l'armée royale se trouva refoulée sur le seul boulevard de la Madelaine, où elle resta jusqu'après trois heures de l'après midi.

M. A. Menoret, citoyen laborieux et modeste, s'est rangé depuis dans les rangs de la garde nationale.

— Parmi les personnes qui ont montré le plus de zèle et d'humanité pour secourir les blessés, on doit remarquer M. Vallet, pharmacien, rue de Grenelle Saint-Honoré, n. 33, qui pendant les journées des 27, 28 et 29, reçut et soigna chez lui tous les blessés, et qui, lorsque l'ambulance fut ouverte au n. 47, n'a cessé d'y donner ses soins, ainsi que M. Boquet, docteur, rue des Deux-Ecus, n. 31. Les femmes de la rue de Grenelle montrèrent un admirable dévouement.

—MM. Martin, médecin rue Mandar, et Eve-
rat père, membre de la société philantro-
pique, organisèrent une ambulance dans l'une
des galeries et plusieurs boutiques du passage
du Saumon.

—M. Hermé, pharmacien, rue des Martyrs,
n. 11, a ouvert un local où des lits furent
dressés pour les blessés. M. le docteur Dufour
leur prodigua ses soins avec un dévouement
admirable, tandis que M. Hermé fournit gra-
tuitement tous les médicamens nécessaires.

—Dans la maison rue Saint-Honoré, n. 29,
une ambulance provisoire a été établie avec
le plus grand zèle. Tous les locataires de la
maison n'ont épargné aucun sacrifice : objets
de pansement, vin, bouillon, tout a été
livré avec profusion ; plusieurs personnes
même se sont dépouillées de tout leur linge.
Nous citerons particulièrement MM. Breuck,
Decot, Moireau, Pasteur, Vallon, Regner
et madame la baronne de Millet.

Des chirurgiens de la ville de Paris, ame-
nés en ce lieu par le désir de se rendre
utiles, se sont partagé les soins à donner
aux blessés. Plus de 300 ont été secourus et
envoyés après le premier pansement dans

les hôpitaux les plus voisins. Nous avons surtout remarqué le zéle infatigable de MM.
Piorry, Jacob, Robillot, et des élèves Barth,
de la Pitié, et Deschamp, de l'Hôtel-Dieu. Le
pharmacien du passage Véro-Dodat mérite
également les plus grands éloges. Des personnes étrangères à l'art, tel que l'élève en
droit Gangloff, se sont encore signalées par
leur empressement à seconder les chirurgiens.
Toutes les femmes de la maison ont été occupées à faire de la charpie; enfin il a été fait
une collecte qui a produit la somme de 1500 fr.;
et chaque blessé a reçu en sortant un secours
pécuniaire.

— Madame Fernot, fabricante de tapis,
place Saint-Germain-l'Auxerrois, a reçu chez
elle les blessés et a passé la nuit à leur prodi-
guer ses secours.

— MM. les docteurs Gresaly et Toirac
établirent une ambulance rue Bonne-Nouvelle,
et y donnèrent les soins les plus touchans à un
grand nombre de blessés.

— Les galeries Vivienne et Colbert offraient
un spectacle touchant; toutes les marchandes
réunies devant leurs portes étaient occupées à
faire de la charpie et des bandes pour les blessés.

—MM. les docteurs Dubois, Gendrin et Brunet, n'ont cessé de donner pendant toute la journée les soins les plus empressés aux blessés dans la maison, n. 47, rue de Grenelle.

— La rue de Chartres, par sa position, s'est trouvée, dans la journée du 29, devenir le théâtre d'un combat long et meurtrier, entre les citoyens qui venaient de s'emparer du Louvre et les troupes royales stationnées sur la place du Carrousel et sur celle du Palais-Royal. Au moment où le feu le plus terrible jonchait cette rue de morts et de blessés, M. Thourel, avocat, demeurant dans cette même rue, n. 8, maison qui fait face au château, de concert avec le sieur Monet, portier, ont ouvert la porte-cochère et fait de la cour et de la remise une ambulance provisoire. Parmi les combattans, il s'est rencontré trois élèves en médecine qui ont déposé leurs armes pour secourir et panser les blessés que d'autres citoyens enlevaient ensuite. Près de cinquante défenseurs du peuple, relevés de la rue au milieu d'une pluie de balles, ont été ainsi recueillis et ont reçu les premiers soins. Tous les voisins, s'associant à cette œuvre de courage et d'humanité, jetaient par les croisées du linge et de la charpie. Quinze ou seize gardes royaux ont même été épargnés et sauvés, et le capitaine du 6ᵉ qui commandait sur la place du Palais-Royal, blessé assez grièvement, a été pansé dans la même maison avec le même soin que les nôtres. Voilà cependant quelle a été la conduite des généreux Parisiens envers des hommes que l'on envoyait contre eux pour les égorger! Mais ces hommes étaient aussi des Français! Qu'ils sont coupables ceux qui ont fait couler ce sang!

—Des étrangers, Russes, Allemands, Anglais. montrèrent le plus vif intérêt à la sainte cause de la liberté; ils recueillirent chez eux des blessés, leur prodiguèrent des soins et des secours, et plusieurs d'entre eux, surtout des Anglais, partagèrent les dangers et la gloire de la journée du 29.

— Le 30, M. de Feuillant, grenadier de la 5ᵉ légion de la garde nationale, demeurant rue du Caire, n. 17, s'était rendu à la Bourse, où il était de faction à la porte du conseil, lorsqu'un envoyé de Rouen se présenta pour annoncer la prochaine arrivée de 1,500 Rouennais et 20 pièces d'artillerie. M. de Feuillant fut désigné pour accompagner l'envoyé chez le général Gérard , qui donna l'ordre de disposer la butte Montmartre pour la réception des Rouennais. M. de Feuillant s'y rendit et fit aussitôt arborer le drapeau tricolore. De retour à la Chambre des députés , où il avait accompagné M. Odilon-Barrot , avocat, porteur d'une ordonnance , on vit bientôt arriver sous les ordres d'un élève de l'École Polytechnique , environ mille citoyens épuisés de fatigue , de faim et de soif, et qui venaient demander du pain et de l'eau. Aussitôt M. de Feuillant fit un bon de 500 livres de pain; un autre citoyen , dont nous regrettons d'ignorer le nom, en fit un pareil; tous deux furent signés, ainsi qu'un troisième bon de 100 litres de vin, par M. le comte de Laborde. Les mandats, présentés chez les premiers boulangers et marchands de vin qui se trouvèrent dans les environs , furent aussitôt acquittés , et la distribution eut lieu dans le plus grand ordre. Le grenadier de Feuillant coupa lui-même les pains; l'élève de l'École distribua le vin, il n'y eut pas le moindre gaspillage, et le reste des vivres fut porté à la Chambre des députés. Ces braves, après ce frugal repas , se sont rendus à l'hôtel

des Invalides, où ils ont pris poste en atten-
dant de nouveaux ordres.

— M. Farcy, rédacteur du *Globe*, est mort
dans les bras du docteur Jules Loyson. Ce
jeune médecin semblait se multiplier ; il a
pansé près de 3oo blessés, soit à l'Hôtel-de-
Ville, soit au Palais-Royal, soit au Louvre.

— La note suivante a été donnée par M. Jules
Caron, jeune artiste, commandant une compagnie de citoyens armés pour la cause de la
patrie :

« Encore brûlans de l'ardeur qui avait
animé les Parisiens dans la journée du 28,
ceux que le feu avait épargnés la veille et que
l'obscurité avait chassés du champ de l'honneur, se retrouvèrent sans autre appel que la
parole donnée : c'était sur les places publiques.
L'Odéon fut celle où je me rendis ; peu de
temps après nous désarmâmes le poste des vé-
térans de la Chambre des pairs, et celui des
gendarmes situé rue de Tournon. Ces armes
augmentèrent le nombre de nos défenseurs,
mais nous manquions des munitions nécessaires
à notre entreprise contre la caserne de Babylone, que nous projetions d'attaquer. Des
bourgeois, voisins de ce lieu de réunion,

avaient bien, il est vrai, travaillé toute la nuit à
fondre plusieurs milliers de balles : c'était déjà
beaucoup ; mais l'essentiel nous manquait, la
poudre ne pouvait être remplacée par la pous-
sière, comme nous avons plusieurs fois rem-
placé les balles par des cailloux.

» Nous étions déjà plusieurs milliers dans
cette pénible attente, lorsque nous vîmes arriver une voiture provenant de la poudrière
des Deux-Moulins, courageusement enlevée
la veille. On eut une telle ardeur à cette vue
que nous eûmes beaucoup de peine à nous
préserver, en repoussant les assaillans, d'une
explosion qui devenait inévitable par l'approche des armes de ceux qui nous suppliaient
de leur en donner. Cependant nous parvînmes
à calmer momentanément cette avidité par la
promesse d'une égale répartition ; j'en fis conduire un baril hôtel Corneille où on avait
fondu des balles ; tous les nombreux habitans
de cette maison en firent des cartouches, et
mirent en paquet celles pour lesquelles il manquait du plomb. Des sentinelles furent placées
tant pour garantir ce magasin que pour préserver celui des corps-de-garde de l'Odéon et
de la rue Voltaire. Pendant qu'on faisait cette

utile opération, il nous arriva une pièce de canon, qui fut promptement suivie d'une autre ;
enfin la distribution des munitions se fit au
milieu d'une allégresse qui allait toujours
croissant à mesure que nous approchions du
moment de nous battre. On forma en compagnies cette population devenue tout-à-coup
guerrière, elle était composée d'hommes très-
bien vêtus, d'ouvriers à peine couverts, de
quelques soldats débris des régimens soumis
ou fuyards, de gens même déguenillés ; mais
cette différence de costume ne faisait pas celle
du cœur, les vœux étaient les mêmes, un
même but nous appelait, nous rassemblait, la
destruction du despotisme ; pour l'obtenir il
fallait se battre, partout on était prêt, de toutes
parts on entendait le mot *partons !* L'effusion
était à son comble, un ancien élève de l'E-
cole Polytechnique fut unanimement investi
du commandement en chef ; celui des compagnies fut confié en grande partie aux courageux élèves de cette belle école et à quelques
bourgeois, qui, par leur conduite dans la der-
nière affaire, ont prouvé la mauvaise applica-
tion du mot *pékin* que quelques militaires
grossiers leur donnaient il y a peu de temps

encore. Dans le nombre de ces derniers, je fus pris pour commander la deuxième compagnie du régiment improvisé. Les chefs jurèrent de vaincre ou de mourir : ce cri fut répété par ceux qui voulurent bien se soumettre à nos ordres, on battit la marche qu'ouvraient les braves pompiers.

» Sur notre route le peuple nous recevait avec joie , nous aidant à vaincre les obstacles qu'opposaient les barricades à nos pièces d'artillerie , sans rien détruire de ce qui nous était si nécessaire en cas de retraite , s'il fallait en craindre une. Déjà on apprêtait du linge et de la charpie pour ceux à qui le sort serait contraire.

» On fit halte rue de Sèvres pour envoyer parlementer avec le commandant de la caserne de Babylone. Ne voyant pas revenir nos émissaires, on crut qu'ils avaient été retenus ; d'autres furent envoyés peu de temps après, ils reparurent avec les premiers, nous annonçant que l'entêtement helvétique nous forçait à combattre. On n'entendit qu'un cri : *En avant!* On se dirigea de divers côtés pour cerner toutes les issues; ma compagnie entra par la rue des Brodeurs , pendant que d'autres allaient occuper différentes rues.

» Arrivé au coin des rues Babylone, des Brodeurs et autres, les maisons furent occupées, les murs escaladés ; une fusillade s'engagea et fut long-temps nourrie de part et d'autre ; mais les Suisses garantis par des matelas détruisaient nos braves qui étaient pour la plupart à découvert et ne pouvaient riposter avec autant d'avantage des toits ou des hangars environnans. Le projet de mettre le feu à la caserne vint tard ; mais il fut aussitôt exécuté que conçu : la paille destinée aux blessés fut arrosée d'essence de térébenthine et placée devant la porte ; l'incendie fut allumé, sous une grêle de balles, par un jeune homme de dix-huit ans. Ce moyen réussit ; la crainte d'être brûlés vifs leur fit prendre la résolution de fuir ; ils le firent avec assez d'ordre, quoiqu'en courant à toutes jambes et en nous lançant encore quelques balles ; mais l'ardeur qu'on mit à les poursuivre en fit tomber bon nombre sous le feu de nos braves compagnons d'armes.

» Si le conseil que j'avais donné avant l'engagement avec les ennemis avait été suivi, nous n'en aurions pas manqué un. Quelques

centaines d'hommes placés au coin du boulevard les eussent pris en flanc, et cette troupe
fraîche eût rendu la déroute complète; mais
à quoi me laissé-je entraîner? N'accusons pas
le hasard d'avoir épargné le sang de gens qui,
bien que méprisables par la vénalité de leurs
services, n'en sont pas moins des hommes.
Nous avons triomphé, que n'avons-nous pu
parvenir à ce but si utile par d'autres moyens
que par l'effusion du sang, toujours à regret-
ter, n'importe d'où il coule?

» Nous nous retirions tout glorieux de cette
nouvelle victoire, lorsqu'un courrier volon-
taire vint augmenter notre allégresse, en nous
faisant part de celle que nos frères venaient de
remporter au Louvre et aux Tuileries. »

—Le 29, on vit avec admiration un brave
citoyen, portant un drapeau tricolore, s'avancer sur la place du Carrousel, au moment où
l'on allait commencer l'attaque du château;
il était accompagné seulement de deux camarades, traversa la place au pas ordinaire,
jusqu'à l'Arc de Triomphe, sans faire un seul
pas rétrograde, quoique plus de mille coups
de fusil aient été tirés par la garde royale,
sans qu'aucun l'atteignît; il se retrancha alors

derrière l'Arc de Triomphe, où il resta jusqu'à l'occupation des Tuileries par les Parisiens.

— La Pologne, la plus noble nation du Nord, immolée aux calculs d'un infâme machiavélisme, vendue pièce à pièce par son roi et quelques complices de l'étranger, enfin anéantie politiquement, reparut toute vivante, sous les étendards de la France républicaine, consulaire et impériale. Les faits d'armes qui les ont à jamais illustrés dans nos glorieuses campagnes, la fidélité qu'ils nous ont tenue aux jours du naufrage général, ont suffi pour faire des Polonais nos véritables compatriotes. Désormais ils ne seront plus pour nous des étrangers. Parmi plusieurs d'entre ceux qui habitent notre sol hospitalier, comme proscrits du gouvernement tracassier de Varsovie, ou comme hommes de lettres, nous devons signaler à l'admiration des ames généreuses M. Léonard Chodsko, célèbre auteur de l'Histoire des légions polonaises en Italie, et qui combattit les satellites de la tyrannie aux portes des Tuileries. Entré un des premiers dans cette demeure des rois déchus, M. Chodsko défendit notre cause, comme il aurait défendu celle même de sa noble patrie.

(123)

Placé aujourd'hui auprès du général Lafayette
à l'état-major-général de la garde nationale,
on croit voir en lui le représentant de Kos-
ciusko et de Poniatouski. M. Albert Sourinski,
peintre des plus distingués, et M. Ladislas
Olesczyuski, élève de notre célèbre statuaire
David, ont aussi déployé le plus beau courage.

Honneur, mille fois honneur à ces braves
descendans des Sarmates! Nous ne doutons
point qu'il ne se soit trouvé plusieurs autres
Polonais qui se sont distingués dans ces immortelles journées; à défaut d'autres rensei-
gnemens, conservons au moins les noms de
ceux qui sont parvenus à notre connaissance.

(Cet article nous a été communiqué par un
ami des Polonais).

—Le 29, un Anglais fut frappé d'une balle
à la tête, au moment où il s'avançait à la fe-
nêtre de l'hôtel qu'il habitait, rue Saint-
Honoré, pour jeter des pavés sur les troupes
royales.

—Rue du faubourg Montmartre, un vieillard, fort connu dans le quartier du Luxem-
bourg, fort peu ingambe et traînant avec
peine une jambe de bois, venait de s'emparer
du fusil d'un Suisse et retournait au feu.

Passent deux jeunes gens, « Donne-nous ton
» fusil, vieillard; tu es blessé, nous nous en
» servirons mieux que toi. » Le vieux brave
refuse de donner son arme. « Je veux me
battre, » disait-il. Les jeunes gens insistent et le
fusil est arraché. Le vieillard se désolait, se
tordait les mains, on veut le consoler, il se
fâche plus fort : on lui offre des pistolets,
« C'est mon fusil que je veux, s'écrie-t-il, je
» veux me battre avec un fusil. » Et il part, en
boitant, pour chercher un autre fusil.

— Louis Cadiou, demeurant place Saint-
Michel, n. 16, ancien soldat et couvert de
glorieuses blessures reçues dans plusieurs
combats sous l'empire, s'est particulièrement
distingué dans l'immortelle journée du 28 à
la place de Grève, et le 29 à l'attaque du
Louvre. A l'attaque des Tuileries il fut le premier qui brava sur le pont Royal la fusillade
du pavillon de Flore, le premier à forcer la
grille de la cour du château. Unissant l'ardeur
d'un conquérant à la compassion du malheur,
il empêcha le massacre de sept à huit blessés
de la garde royale.

—Douze à quinze gendarmes se trouvaient
enfermés dans l'hôtel Polignac, aux affaires

étrangères, dans l'après-midi de la journée
du 29, et le peuple armé voulait qu'on les
lui livrât. M. Casimir Périer, qui rentrait
chez lui, informé du motif du rassemblement,
intercéda en leur faveur, et le docteur Laberge, son ami, fut chargé par lui, conjointe-
ment avec M. Rollet, de pourvoir à leur sûreté.
Ces deux messieurs pénétrèrent dans l'hôtel,
où ils trouvèrent entassés dans un office très-
obscur les gendarmes dans un état pitoyable et
presque nus, car ils s'étaient dépouillés de leur
uniforme. On leur fit donner des vêtemens
ordinaires, et il leur fut permis de sortir par
une autre porte sur la rue Neuve-des-Capu-
cines. Après s'être acquittés de leur noble mission, MM. Laberge et Rollet se présentèrent
au peuple. Quelques cris s'élevèrent encore
pour demander les gendarmes, et furent bientôt calmés par M. Laberge, qui fit entendre
au peuple ces paroles : « Vous vous êtes couverts, citoyens, d'une gloire immortelle dont le
souvenir ne se perdra jamais. Vous ne pouvez
pas la souiller, et vous ne la souillerez pas, j'en
suis certain, par un assassinat sur des hommes
sans défense et qui demandent grâce. » De
nombreux vivat se sont fait entendre; la foule

s'est dispersée à l'instant, et les chevaux des gendarmes ont été mis à la disposition du gouvernement provisoire.

—Lors de la prise des Tuileries, un citoyen brisa d'un coup de crosse le buste de Charles X ; un autre se préparait à faire voler en éclats le buste de Louis XVIII; mille bras s'élancèrent au devant du coup. *Arrétez*, s'écria-t-on, *c'est le père de la Charte....* Et alors on jeta sur l'image de Louis XVIII un voile noir, comme pour dérober à ses yeux les suites funestes de la conduite de son successeur, parjure à la Charte.

— J'ai vu dans la rue Saint-Honoré, dit M. Darmaing, rédacteur en chef de la Gazette des Tribunaux, une femme de trente à trente-cinq ans, frappée d'une balle au milieu du front, tomber morte à dix pas de moi. Un garçon boulanger, les bras et les jambes nus, homme d'une stature colossale et d'une force herculéenne, saisit aussitôt ce cadavre, et le tenant au-dessus de sa tête, le transporte jusque sur la place des Victoires en criant vengeance! Là, après l'avoir étendu par terre devant lui, et au pied de la statue de Louis XIV, il harangua la multitude dont il était entouré, avec une énergie qui faisait vibrer toutes les ames. Puis ramassant de nouveau le cadavre , il l'emporte vers le corps-de-garde de la Banque qui est tout près de la place des Victoires , et , à peine arrivé devant les soldats rassemblés sur la porte, il leur lance ce cadavre tout sanglant à la tête en disant : *Tenez, voilà comme vos camarades arrangent nos femmes!.. En ferez-vous autant ? — Non* , répond un de ces militaires en lui serrant la main. *Mais venez donc avec des armes!* Tous les autres soldats avaient la pâleur sur le visage; et de grosses larmes roulaient dans les yeux de l'officier. Quelques instans plus tard , comme on se plaignait à un officier, en lui montrant des citoyens tués par la garde royale, on l'a entendu dire d'une voix déconcertée : *Tuez-moi, tuez-moi, la mort est préférable à une position aussi horrible que la nôtre !*

—Parmi les étudians qui montrèrent le plus d'horreur pour le despotisme, et le plus d'enthousiasme pour réconquérir nos libertés anéanties, on cite généralement M. Hippolyte Daniel, connu par divers chants patriotiques. Dans la matinée du 27, au milieu de ses collègues, il ne cessa de prononcer , sur la place et dans la cour de l'École de Médecine, des discours qui ne contribuèrent pas peu à animer ses camarades. Dans un moment de chaleur, il s'écria : *Il n'y a plus de temps à perdre; comme nos pères, il faut combattre pour la liberté!* De retour de chez M. Casimir Perrier où un rendez-vous avait été assigné aux élèves en droit et en médecine, il rencontra sur la place du Louvre un cadavre couvert d'un voile noir, et que des ouvriers portaient sur leurs épaules au milieu des rues de Paris. *Vengeance! Vengeance!* s'écrie-t-il avec l'accent du désespoir; aussitôt il est entouré d'une foule d'ouvriers armés de bâtons. Il les harangue. *A la Grève, à la Grève,* crie l'un d'entre eux. On se rend en effet à l'Hôtel-de-Ville; M. Daniel y stimulait la foule qui se presse, et termine, non loin du café de la Ville, une improvisation énergique aux cris de *Vive la Charte! Vive la Liberté!*

Chargé par la gendarmerie à cheval, il traverse avec sa troupe le pont de la Grève, et trouve un refuge dans la rue du Chevet-Saint-Landry. Là, il fait jurer à ceux qui l'entourent de mourir pour l'indépendance de la patrie. *Vous voyez cette tour,* leur dit-il en leur montrant Notre-Dame, *il faut que demain, à neuf heures du matin, le drapeau tricolore y flotte ; il faut que le bourdon annonce notre victoire dans tout Paris.* Les braves, pleins d'enthousiasme, demandent un rendez-vous pour le lendemain, promettant d'y rassembler le plus grand nombre de patriotes possible. Le mercredi matin, ils se trouvèrent sous l'arche ; déjà les blessés arrivaient en foule à l'Hôtel-Dieu. M. Hippolyte Daniel demanda à sa troupe la permission d'aller panser les braves atteints par la mitraille. *Courez, courez, lui disent-ils, et revenez vite.* Peu de temps après il était au milieu d'eux. La foule grossissait de plus en plus, les cris de *Vive la Charte ! Vive la Patrie !* retentissaient sur la place Notre-Dame ; on y voyait un grand nombre de jeunes gens armés de piques, de fusils, de lances et d'armes de toute espèce. *Sonnons le tocsin,* s'écrie-t-il. Ces mots parcourent les rangs aussi vite que l'éclair. *A bas le drapeau blanc !* La foule se précipite dans les tours de Notre-Dame, arrache le drapeau, et le bourdon de la métropole appelle tout Paris à la vengeance.

Les balles moissonnaient les braves ; M. Daniel, ne consultant que son courage et son
patriotisme, s'élance sur le pont d'Arcole, au
milieu de la mousqueterie et de la mitraille,
rélève les blessés et leur prodigue les secours
de son art.

Ce jeune et dévoué citoyen, dans une lettre
insérée au Moniteur, le 9 août 1830, a été le
premier à protester contre toute espèce de
récompense individuelle à accorder pour un
devoir national accompli en commun.

— Dans une des rues adjacentes à la grande
rue du faubourg Saint-Honoré, un officier de
la garde, commandant un détachement nombreux, faisait faire des feux de peloton sur
toutes les personnes qui apparaissaient vers
l'extrémité de la rue. Des femmes et des vieillards, tombés sous les balles royales, gisaient
sur le pavé ; et l'atroce officier, prenant à peine
le soin de se détourner pour ne pas fouler aux
pieds ces déplorables victimes, regardait aux
fenêtres et souriait aux femmes que l'intérêt
puissant de ces tragiques scènes engageait à
s'y montrer. Un coup de fusil parti d'une croi-
sée a puni ce meurtrier insolent.

— M. Alexandre Bléton, commandant la

tête du pont de Grenelle à la tête de trente hommes, a fait rendre tous les dépôts réunis à l'École Militaire, commandés par M. de Beaumont, gouverneur de l'école.

M. Thouvenin, capitaine d'artillerie de la garde, s'est de suite rendu comme ôtage, tous les soldats ont crié *Vive la Charte !* en tirant leurs armes en l'air.

M. Bléton a fait ouvrir le pont de Grenelle, qui était gardé par M. Salmon, propriétaire de la fabrique d'eau de javelle, lequel, à la tête de ses ouvriers, et n'ayant que trois fusils, avait conduit des tonneaux d'acides pour les faire jouer avec des pompes sur les Suisses.

— Le jeune Achille Piquefeu, garde national de la huitième légion, frappé d'une balle au marché Saint-Jean dans la journée du 28, expira chez lui rue Culture-Sainte-Catherine, en consolant sa famille et ses amis par des paroles empreintes du plus pur patriotisme. Il a été porté au cimetière de l'Est par ses deux frères, aidés d'une jeunesse dont le cœur tressaillait d'héroïsme chaque fois que les enfans et la foule devant laquelle passait le cercueil, y lisaient d'une voix émue cette simple et majestueuse épitaphe : MORT POUR LA PATRIE.

— M. Saffel, bottier, passage du Saumon, qui avait été arrêté pour avoir pris une part trop active dans les troubles qui ont accompagné l'expulsion de Manuel, s'est battu avec un grand courage pendant les journées des 27 et 28 ; il a entre autres contribué à désarmer dix hommes de la garde royale, qu'il a empêché ensuite d'être massacrés.

— Les serruriers de l'atelier, rue du faubourg Montmartre, n° 4, ont livré à divers postes de la garde nationale et aux courageux défenseurs de nos libertés soixante mille balles qu'ils ont fondues.

— Les habitans de Chaillot, insurgés par MM. Luchet et Villemain fils, de Lorient, après avoir désarmé trois postes, soutinrent, au nombre de soixante-quinze, pendant toute la journée du 29, le feu des régimens de la garde qui voulaient opérer leur retraite par la barrière de Passy; ils leur firent quatre-vingts prisonniers.

— La garde nationale de Corbeil se transporta au Bouchet et s'empara de cent vingt milliers de poudre qui s'y trouvaient; et tout de suite neuf milliers furent dirigés sur Paris, où ils arrivèrent sous la conduite d'un sergent de pompiers nommé Pradel.

Les autorités civiles de cette ville, aussi prévoyantes et aussi zélées que la garde nationale, prirent des mesures pour envoyer dans la capitale des convois de farine.

— M. J. Rouilly, ancien officier de la garde nationale, père d'une nombreuse famille et propriétaire rue de Chaillot, n° 53, montra la plus grande ardeur pour le succès de la généreuse entreprise des patriotes. Le 28 il distribua les armes qui étaient en sa possession et donna de la poudre et de l'argent pour en acheter. Il fit monter dans sa maison une grande quantité de pierres et de pavés. Toutes ses dispositions de défense étant prises, le 29 au matin il réunit plusieurs citoyens et les engagea à s'emparer des postes de la garde royale, et principalement de celui des Champs-Elysées au coin de la rue de Chaillot, ce qui fut fait immédiatement. Un peu plus tard tout ce quartier fut encombré par de nombreux détachemens de garde royale, infanterie et cavalerie, qui, évacuant Paris, tirèrent sur le peuple et le chargèrent sur plusieurs points. On les combattit avec des pierres et des coups de fusil ; trente furent désarmés, M. Rouilly

(134)

les fit entrer dans sa maison et les protégea ensuite contre la fureur du peuple ; il leur donna
le logement et la nourriture pendant quatre
jours , et ne les rendit à la liberté que
sur un ordre du gouvernement provisoire
communiqué par M. Desjardins, officier supérieur. Ces militaires firent entre les mains de
leur hôte le serment de ne plus se battre contre
leurs concitoyens.

— M. Dedieu, Mâconnais, âgé de vingt-
quatre ans, neveu du capitaine d'artillerie du
même nom, fut tué d'une balle dans la tête en
combattant vaillamment pour la prise de
l'Hôtel-de-Ville. Nous voudrions signaler ainsi
à la reconnaissance de la patrie tous les braves
qui ont perdu la vie dans ces glorieuses et sanglantes journées.

— Mademoiselle Primorin, commise au cabinet de lecture de la cour des Fontaines ,
n° 4 , à l'entrée du passage de Henri IV, témoin du combat qui se livrait sur cette place
entre le troisième régiment de la garde et des
citoyens armés, ouvrit son cabinet pour livrer
passage aux patriotes ; elle reçut ensuite les
blessés et offrit tout son linge pour les panser.
Cette personne est peu fortunée, son courage

et son humanité méritent les plus grands éloges.

— Un grec, Baptiste Pécota, s'est fait remarquer dans les glorieusese journées des 28 et 29. Ce brave homme a défendu avec le plus grand courage l'hôtel du Nord, place Saint-Germain-l'Auxerrois. C'est lui qui a, le premier, arboré le drapeau tricolore sur l'église.

— Le 28, lorsque les troupes et la gendarmerie stationnées sur la place des Victoires faisaient feu dans les rues adjacentes, plusieurs personnes, parmi lesquelles se trouvaient MM. Auguste Jouault, rue Neuve-Saint-Eustache, n. 7, Achille Dru, de la maison Esnault Pelterie, de la même rue, Maldan aîné, négociant, rue Thibautodé, n. 12, Vuillette, négociant, rue des Lavandières-Sainte-Opportune, se réfugièrent dans la rue Baillif. Le corps-de-garde de cette rue était occupé par des soldats du 53ᵉ de ligne, au nombre de quinze environ. Ces braves reçurent les bourgeois en frères, chargeant à haute voix d'imprécations la conduite des militaires dont les fusillades redoublaient en ce moment, ils placèrent les citoyens dans leurs rangs, et se

disposèrent à les défendre à la première appa-
rition de l'ennemi qui se répandait dans la
rue voisine. Nous voudrions signaler à la reconnaissance publique les noms de tous les
soldats citoyens qui occupaient ce poste, mais
nous n'avons pu recueillir que les suivans :
Beaumont, sergent, Simon, caporal, Courte-
reau, Wirtmann, Castillon, Schwartz,
Walter, Tournier.

—M. Achille Greverath, contre-maître chez
M. Getting, fabricant de voitures rue des Martyrs, n. 9, se fit successivement remarquer à
la Bourse, au Palais-Royal, au Carrousel, partout enfin où il y avait du danger à courir ou
des services à rendre à la cause de la liberté.
Le 29, en se battant rue Saint-Honoré près de
Saint-Roch, il fut atteint d'une balle qui lui
traversa la poitrine; cette blessure devait lui
donner la mort, mais le plomb frappa la
boucle de la bretelle, la brisa, en fit pénétrer une partie dans le corps, et détourné de
sa route épargna les poumons. Courageusement relevé, malgré le danger, par plusieurs
ouvriers qu'il dirigeait depuis quelques instans, il subit la première opération chez
M. Caventou, pharmacien rue Gaillon, par les

soins de M. le docteur Guersent, à l'habileté
duquel il doit sans doute la vie.

— M. le chevalier Borso de Carminati, capitaine émigré piémontais, montra, dans nos
jours de combat, un courage et des connais-
sances militaires qui furent très-utiles sur les
points où il s'est trouvé. S'étant emparé, le 28,
du cheval d'un officier supérieur, il le déposa
à l'administration des Messageries du Commerce, pour être mis à la disposition du gouvernement national.

M. de Laborde, commissaire provisoire à la
préfecture du département de la Seine,
nomma M. Borso commandant d'une compagnie de la garde nationale provisoire et le
chargea des fonctions d'adjudant-major.

— M. Isidore Barrault, compositeur, rue des
Ecrivains, n. 28, l'un de ceux qui arrachèrent
le drapeau royal du sommet des tours Notre-
Dame, avait assailli la veille au soir le poste de
gendarmerie de la halle aux farines; les
hommes qui le composaient se retranchèrent
dans une maison voisine et firent feu jusqu'à
onze heures.

Le 28 au matin, M. Barrault se trouvait à
l'attaque du poste de la place du Châtelet qui

fut obligé de fuir; mais peu de temps après la déroute parut dans cet endroit un piquet de gendarmerie à cheval. Un maréchal-des-logis s'avança vers les citoyens, en criant, le chapeau à la main, *Vive la Charte!* et en même temps, saisissant sa carabine, il fit feu et tua un jeune homme inoffensif. M. Barrault indigné abattit le gendarme d'un coup de pistolet.

Au coin des rues Greneta et Saint-Denis, un soldat de la garde blessé fut recueilli chez un perruquier. La foule, furieuse de la conduite sanguinaire de ce régiment, voulait le massacrer; les carreaux étaient déjà brisés; M. Barrault parvint avec beaucoup de peine à lui sauver la vie. Enfin ce zélé citoyen força le lendemain un adjudant de la garde réfugié chez M. Simon, marchand de papier sur le boulevard, à venir sur le balcon crier *vive la Charte, vive la liberté!* et il se trouva encore à l'attaque du Louvre.

— M. Louyer-Villermay, neveu, en pansant les blessés à l'ambulance de la rue Saint-Marc, a trouvé plusieurs balles de formes extraordinaires, telles que balles mâchées, etc. M. le docteur Cartaux a fait la même remarque.

— Le désintéressement des braves qui ver-
sèrent leur sang pour la patrie est admirable ;
laissons parler ici l'excellent docteur Fabré
Palaprat, qui s'est trouvé à même de l'apprécier :

« Fatigué du fracas des armes dont nous
étions enfin en partie délivrés, je m'avançai
vers le bas de la rue Saint-Honoré, lorsqu'un
homme de cinquante ans environ, tenant
d'une main un fusil de munition, et de l'autre
un sabre ensanglanté, ayant une savatte à un
pied et l'autre pied sans chaussure, portant
un vieux pantalon en lambeaux et couvert de
sang, vêtu seulement d'une chemise grossière
et déchirée, dont la figure noircie par la
poudre, la fumée et je ne sais quoi encore,
présentait un ensemble de hideux que je n'es-
saierai point de décrire, se laissa tomber à
mes pieds.

» Je le prends d'abord pour un homme ivre ;
mais bientôt j'acquiers la conviction qu'il
était tombé de fatigue et d'inanition. Je me
penche vers lui, je veux essayer de le relever,
il me demande du pain. Il n'avait rien pris de
la journée. Une balle avait traversé le mollet
de sa jambe gauche ; et, depuis le matin,

malgré sa blessure , malgré la faim , la soif, la chaleur et la fatigue, il n'avait cessé de combattre. Il était à l'assaut des Tuileries.

» Une digne dame eut la bonté de me donner son mouchoir et de me procurer de l'eau. Je pansai la plaie de ce brave, et, croyant avoir encore un devoir à remplir, je le priai d'accepter cinq francs pour se procurer de la nourriture.

» A ces mots, cet homme, comme saisi d'une profonde indignation, se relève, saisit son sabre..... *De l'argent!* s'écrie-t-il, *de l'argent à moi qui combats pour la liberté! misérable! tu oses m'offrir de l'argent à moi soldat français, soldat de la patrie!* Il lève son arme, est prêt à me pourfendre..... Je me jette sur lui; je l'embrasse; je pleure d'admiration; je ne sais plus ce que je fais..... Son indignation ne peut se calmer; il s'écrie sans cessé : *De l'argent! à moi, à moi!*

» Enfin, ayant eu le bonheur de me faire comprendre, je le vois revenir à lui; il me serre la main.

» Je le prie de venir dîner chez moi; il s'y refuse, il accepte seulement le pain dont il avait besoin et qu'apporte avec de l'eau la dame à laquelle nous devions déjà le mouchoir.

» Je le presse d'accepter au moins un peu de vin. *Non, non,* dit-il, *cela coûte de l'argent, l'eau ne coûte rien.* Et il nous quitte en se traînant et sans nous avoir dit son nom.

» Que ce désintéressement est digne d'admiration ! Je ne puis me consoler de n'avoir pas suivi ce soldat spartiate : mais j'étais si hors de moi, que je ne savais plus ce que je faisais. »

— Pendant l'attaque du Louvre, M. Rosa, Lyonnais, déjà âgé et arrivé depuis peu à Paris, chargeait les armes des combattans et les animait par le récit des faits auxquels il avait pris part lors du siége de Lyon. Près de lui on remarquait le nommé Orième, ouvrier chapelier, qui, au milieu des balles ennemies, déployait une activité et montrait un sang-froid admirables.

— Un citoyen posté seul dans la rue Basse du Rempart, presque en face du ministère des relations extérieures, je n'ose pas dire *ministère Polignac*, avait déjà couché par terre une vingtaine des soldats chargés de la garde de l'hôtel et de toutes ses avenues. M. Gibelin , plein d'admiration pour ce brave , se rend auprès de lui, et le supplie de lui permettre d'être son aide-de-camp. Le général accepte et ordonne la barricade de la rue Basse, du côté de la rue Caumartin. M. Gibelin , aidé de ses gens et de ses voisins, exécute les ordres qui lui sont donnés ; ensuite pour tromper l'ennemi, le nouveau Latour-d'Auvergne fait placer sa casquette et des chapeaux sur les points les plus saillans de la barricade et du talus du boulevard ; il recommence alors son feu , et secondé par M. Gibelin, il tire des divers points du camp.

Après avoir ainsi montré l'apparence d'un nombre de combattans , le citoyen soldat s'avance jusqu'au milieu du boulevard , et apostrophant la sentinelle : *Tue-moi ou je te tue,* s'écrie-t-il en se portant toujours en avant. *Si vous n'êtes pas des lâches, tuez-moi;* dit-il aux soldats, et se retournant vers la rue Basse : *Garde à vous, camarades,* s'écrie-t-il, *je vais tomber, préparez-vous à me venger...* Une telle assurance, une telle audace produisent un effet magique.

Les soldats craignant d'être assaillis par un peloton caché dans la rue Basse, reculent ;

en cet instant , notre brave leur ordonne de crier *vive la Charte !* de déposer les armes, et de se constituer prisonniers dans l'hôtel. Les soldats obéissent , les portes se ferment.

Ce brave général se nomme Favre, il est savetier hors la barrière des Martyrs.

Il a tout refusé jusqu'au vin que lui offrait M. Gibelin, il n'a pris qu'un peu de pain et de l'eau rougie. — «Nous ne buvons pas de vin, a-t-il dit, tant qu'il y a des ennemis sur pied: nous nous le sommes tous juré. Il faut du sang-froid, donnez-moi de l'eau. »

— M. Toussaint, architecte, demeurant rue des Saints-Pères, n 18 , retournant chez lui après la prise du château des Tuileries , vit deux soldats suisses au milieu d'un groupe d'hommes exaltés qui voulaient les jeter dans la rivière. Il s'interposa entre eux et leurs as-saillans. — « Il a peut-être tué votre frère , lui dit l'un d'eux. — Cela est possible , mais ils sont désarmés et prisonniers, il faut être géné-reux. Ce que nous aurions fait tout-à-l'heure était de bonne guerre, maintenant ce serait un assassinat, *vive la liberté !* — Oui, oui, il a raison ! » et les Suisses furent délivrés. Plus loin un homme décoré était aussi assailli par une troupe armée; on le traitait de mouchard, on voulait le tuer. « Si c'est un mouchard, dit M. Toussaint, laissons-le, qu'il aille dire à ses maîtres ce qu'il a vu, ils seront assez punis et lui aussi; s'il est méprisable, méprisons-le... — C'est ça ! répondirent les assaillans. » L'individu attaqué se fit connaître pour le comte de Maillé, on le laissa aller; mais le plus acharné entonna le *bon voyage, cher Dumolet!* Enfin M. Toussaint contribua puissamment à empêcher une troupe d'imprimeurs armés de massues de briser la presse mécanique de M. Duverger, rue de Verneuil.

— Des habitans de la maison rue Saint-Honoré, n. 69, ont arraché un malheureux soldat à la fureur populaire. Cet homme appartenait au quinzième de ligne; il venait avec sept autres soldats de son régiment pour enlever les morts que ce bataillon avait laissés sur la place, entre autres le chef de bataillon qui avait commandé le feu, et qui le premier est tombé mort.

Le peuple, en les voyant, s'est précipité sur eux;déjà ce pauvre diable avait reçu un pavé sur le flanc droit, lorsqu'on l'a enlevé et jeté dans l'allée. On l'a déshabillé, pansé, traité, et le lendemain vêtu d'un uniforme , il est dans les rangs de la garde nationale.

— Parmi les patriotes qui souffrirent le plus pendant les mémorables journées des 28 et 29, il faut compter ceux qui furent faits prisonniers. Voici le compte que rend M. Frédéric Larque de sa captivité.

« Le 28 je me revêtis du costume de garde national de mon frère , marchand de vin rue de la Monnaie au coin de la rue Béthisy, et je me joignis à un fort détachement de la garde parisienne qui se dirigea , tambour battant, vers le Louvre ; je fus placé en sentinelle près du quai, avec un de mes camarades ; nous portâmes les armes à plusieurs officiers de ligne , qui nous rendirent notre salut; nous espérions qu'il en serait de même d'un détachement de la garde royale qui s'avançait de notre côté, mais un des officiers ordonna à la troupe de se saisir de nous et de nous désarmer ; il nous laissa sous la garde de plusieurs soldats, en les rendant responsables de nous sur leur tête. *Conduisez-les à l'état-major du Carrousel; dites que nous les avons trouvés en faction, et qu'on ne les ménage pas.* Ceux-ci nous disaient d'un air moqueur : *Sauvez-vous donc, que nous ayons le plaisir de tirer sur vous ?* Arrivés sur la place, la garde rangée en bataille criait à notre escorte : *Retirez-vous donc, que nous puissions les fusiller tout de suite.* Nous parvînmes cependant à l'état-major où un officier fit un procès-verbal de notre arrestation, nous fit fouiller et nous reprocha de porter un habit de canaille. On nous enferma d'abord dans la petite prison du corps-de-garde, près des écuries du Roi; nous y étions entassés dix-huit. Un agent de police vint nous interroger de nouveau. M. Harelle, chapelier, rue Saint-Honoré, au coin de celle Saint-Florentin, officier de la garde nationale, partageait notre sort ; il avait reçu une forte contusion sur l'œil, en défendant son épaulette qu'on lui avait arrachée. Conduit chez le commissaire de police du quartier, dans un plus grand emplacement, notre nombre s'accrut, et nous nous trouvâmes ving-sept. L'officier commandant le poste chargé de nous garder se présente à nous, un sabre dans une main, un pistolet dans l'autre, et nous dit qu'il ferait sauter la tête au premier qui parlerait ou qui ferait un geste. La nuit se passa dans cette position, ne sachant pas le sort qu'on nous réservait, mais effrayés de la férocité de ceux qui nous entouraient. Le 29, au petit jour, nous fûmes reconduits à l'état-major et enfermés dans un caveau sombre et humide qui se trouve sous le guichet. L'air de ce réduit devint bientôt infect; plusieurs des nôtres accablés par la fatigue, le besoin et l'inquiétude, poussaient de lamentables gémissemens; d'autres demandaient, à travers la porte, un peu d'air et de nouriture. Enfin vers les dix heures on nous donna du pain, ainsi qu'à nos compagnons d'infortune, enfermés dans le caveau voisin. Nous étions en tout cinquante, étroitement serrés, et forcés de satisfaire à nos besoins dans le lieu même ou nous nous trouvions.

» Vers une heure, le commissaire de police parut et dit qu'on allait accorder la liberté à une partie d'entre nous. On nous dépouilla de nos uniformes nationaux. A peine dehors, la garde royale nous invectiva et tira même sur nous; nous fûmes obligés de rentrer, et de solliciter notre passage près du commissaire de police, qui donna des laissez-passer; mais le péril n'en était pas moins grand, et un gendarme à pied nous protégea contre la rage de nos ennemis déjà vaincus sur presque tous les points et prêts à commencer leur déroute. Il est difficile de se peindre les angoisses qui accompagnèrent cette captivité, angoisses d'autant plus vives que nous ignorions ce qui se passait dans la ville. »

— On ne peut pas se faire une idée de la rage qui animait certains corps, et principalement le 3ᵉ régiment de la garde royale. M. Perrot, embusqué rue de Valois, le 28, au moment où les gardes nationaux commençaient à sortir de chez eux en uniforme, entendit un officier de ce régiment criant à son peloton: *Ajustez-bien les gardes nationaux.* Ces séides du despotisme tiraient aux fenêtres, et même sur les volets des boutiques fermées. M. Perrot vit encore, sur la place du Palais-Royal, un citoyen, mu par un sentiment d'humanité, s'avancer en agitant un mouchoir, et solliciter avec chaleur la fin du massacre qui durait depuis plusieurs heures dans ce quartier. Les soldats parurent l'écouter et lui donnèrent même la main; mais lorsqu'il eut fait plusieurs pas pour porter des paroles de paix à ses concitoyens, il tomba percé de plusieurs balles. Des pelotons se portaient de temps en temps, au pas de course, dans la rue de Valois, sur la Cour des Fontaines, et tiraient presque à bout portant sur tout ce qui se présentait à eux : là et sur les boulevards, la garde ne fit plus la guerre, mais une véritable boucherie des habitans. Rue d'Angoulême-du-Temple, un malheureux marchand de vin, absolument seul et sans armes, fut froidement ajusté et tué sur la place.

— Parmi les victimes de cet horrible massacre, on compte le brave Nicoud, marchand de papiers peints, tué par les Suisses, d'un coup de feu, sous les yeux de sa femme, au moment où il repoussait une injuste agression. Il laisse une jeune veuve et un enfant en bas âge.

— Madame Belin, quai de la Tournelle, n° 43, a été frappée d'un boulet qui lui a enlevé les deux jambes.

« — Le 28, à trois heures, la tyrannie dé-
» ploya, sur tous les points, de vigoureuses
» attaques. Un bataillon de la garde nationale
» venait de se former comme par enchante-
» ment dans la rue Croix-des-Petits-Champs
» et sur la place des Victoires; la foule était
» ivre de joie, on croyait tout fini; le ba-

» taillon descendit vers la rue Saint-Honoré.

» Nous étions entrés dans une maison voi-
» sine pour prendre quelque repos, et nous
» nous félicitions du succès des Parisiens, lors-
» qu'une épouvantable fusillade éclata sur la
» rue Croix-des-Petits-Champs ; aux feux de
» pelotons savamment nourris, nous présu-
» mâmes que c'était un régiment de la garde
» qui venait de déboucher par la rue Baillif ;
» nous descendîmes dans la rue Coquillière :
» la fumée était si épaisse qu'il était impossible
» de rien distinguer à six pas. Le feu cessa
» subitement, et notre cœur fut brisé lorque
» nous reconnûmes ces troupes de ligne sur
» lesquelles nous avions fondé tantôt de si
» belles espérances. Sur les bancs placés aux
» deux angles de la rue, des soldats étaient
» assis et fumaient tranquillement. Voici
» quelle était leur conversation : — *Gredin de*
» *métier ! j'ai envie d'envoyer le fusil au dia-*
» *ble.* — *Ai-je joué de malheur, moi ! on m'a-*
» *vait consigné au quartier ce matin ; ils pou-*
» *vaient bien m'y laisser trois jours encore, ça*
» *m'aurait arrangé.* — *Ah ! çà, ils ont beau*
» *dire les autres, on ne peut pas tirer sur les*
» *bourgeois comme ça ; il faut être des sans*

» *entrailles. — Si ça dure, moi je f... mon*
» *camp ; je ne me suis pas engagé pour ça.*
» Chacun de ces propos, si contraires à la dis-
» cipline, était accueilli par les signes affirma-
» tifs des soldats groupés autour des interlo-
» cuteurs. Nous nous hasardâmes alors à leur
» demander pourquoi, avec de tels sentimens,
» qui paraissaient être aussi ceux de tous leurs
» camarades, ils avaient consenti tantôt à fu-
» siller les bourgeois. Cette demande fit éclater
» sur ces mâles figures des sourires d'une inef-
» fable expression. Un sergent nous dit : *Mes-*
» *sieurs, prenez la peine de tourner le coin de*
» *la rue et de compter vos morts.*

» La rue était pure de sang dans toute sa
» largeur : ces braves gens avaient tiré en l'air. »

(MM. BARTHÉLEMY ET MÉRY.)

— La plus touchante sollicitude et le plus
solennel respect entouraient les victimes tom-
bées sur le champ d'honneur. Le 29, au soir,
on vit vingt jeunes gens, tête nue, et marchant
avec lenteur, portant un cadavre recouvert
d'un suaire sanglant ; on lisait :

POTIER, MORT POUR LA LIBERTÉ,
LE 29 JUILLET 1830.

Tous les passans ôtaient leurs chapeaux, s'inclinaient en silence ou pleuraient. Des scènes semblables se renouvelaient sur le passage de tous les blessés; tous les chapeaux s'abaissaient à leur approche, et souvent les cris : *Honneur aux braves!* les saluaient de toutes parts ; ensuite on courait les venger.

—Les inhumations, rendues presque impossibles par le barricadement général des rues, devenaient cependant urgentes à cause de la grande chaleur. Plusieurs corps furent enterrés dans des jardins, dans des cours, sur l'emplacement gazonné qui forme terrasse vis-à-vis la colonnade du Louvre. Du côté du quai, on creusa deux grandes fosses dans lesquelles furent placés quatre-vingts cadavres, entre deux couches de chaux vive. C'est pendant cette triste opération qu'un frère reconnut son frère. Ses restes étaient ensanglantés et presque méconnaissables; le frère de la victime s'est jeté sur ce corps défiguré avec des cris et des plaintes, et n'a pas voulu s'en séparer sans avoir coupé une mèche de ses cheveux. Les corps de ces braves reçurent tous les honneurs dus aux soldats et aux chrétiens; des décharges de fusils furent faites sur cette vaste tombe, et M. l'abbé Paravey, de Saint-Germain-l'Auxerrois, revêtu de ses habits sacerdotaux, vint bénir la terre des morts et fut reconduit jusqu'à sa porte par des hommes armés. Des fûts de colonnes ramassés près de là, des fleurs, des lauriers, des drapeaux tricolores couvrent ce champ de repos, surmonté d'une croix noire portant ces mots :

AUX FRANÇAIS MORTS POUR LA LIBERTÉ !

— Le 3o juillet, un bien douloureux tableau s'offrit aux regards des habitans de Paris. Au bas de la Morgue, un grand bateau, sur lequel flottait un drapeau noir, recevait les corps des victimes de la veille : on les descendait sur des civières ; quelques-uns étaient dans des bières, les autres tout nus ; on les rangeait par piles, en les couvrant de paille, et on semait le bateau de chaux vive, pour ralentir les effets de la putréfaction. Il y avait des enfans de dix à douze ans, des femmes, des vieillards ; la foule qui bordait les parapets de la Seine, contemplant cette funeste embarcation de cadavres, paraissait glacée d'horreur ; de violentes imprécations du peuple interrompaient par intervalle un sombre silence.

11

De pauvres mères pleuraient, et d'autres embrassaient avec passion leurs enfans, heureuses de voir qu'ils avaient été trop jeunes pour prendre part à ces sanglantes querelles. « La légitimité était enterrée sous ces cadavres ! » s'écriait l'éloquent M. Bernard de Rennes à la tribune de la Chambre des députés.

Ce funèbre bateau fut conduit vers le Champ de Mars, où les restes de ces braves patriotes furent ensevelis.

Nous pourrions multiplier beaucoup les citations des faits mémorables qui illustrèrent ces glorieuses journées. Ceux que nous avons rapportés suffisent pour faire ressortir les caractères principaux de cette courte et vigoureuse insurrection.

Union intime entre les citoyens, confiance entière dans la justice de la cause qui leur mettait les armes à la main, courage héroïque dans le combat, généreuse humanité après la victoire, probité scrupuleuse dans toutes les classes, et partout abnégation entière des intérêts personnels à la chose publique, voilà la révolution du mois de juillet 1830. Elle a montré les Français tels qu'ils sont, et tels qu'ils doivent être aux yeux de ceux qui sont appelés à les gouverner et de ceux qui seraient tentés de porter atteinte à leurs droits et à leur indépendance.

FIN.

PLAN
DE PARIS
DIVISÉ
en Arrondissemens et Paroisses.
Par DE SIMENCOURT Ingénieur
Paris
1830

www.ingramcontent.com/pod-product-compliance
Ingram Content Group UK Ltd.
Pitfield, Milton Keynes, MK11 3LW, UK
UKHW021220140726
13695UKWH00002B/660

9 782014 466379